文庫ぎんが堂

すべてはモテるためである

二村ヒトシ

イースト・プレス

[イラスト] 青 木 光 恵

[執筆協力] 丸 山 桜 奈
[対談構成] 藤村はるな

本書は1998年に刊行された『すべてはモテるためである』(KKロングセラーズ)、
およびその文庫版として2002年に刊行された『モテるための哲学』(幻冬舎)を
大幅に加筆修正し、新たに文庫化したものです。
30、55、79、91、211ページのイラストは描き下ろしです。

この本を読む機会のあるような人間、
つまり現代の文明社会に住んでて
そこそこヒマで、
このくらいの日本語が読めるような人の
ほとんどすべての苦しみは、
そもそも「モテない」ことに起因している。
モテないこと以外のほとんどすべての不幸は、
モテてさえいれば、
なんとかなる（か、ガマンできる）。

だったら、モテるようになるしか、あるまい。
宗教で幸せになったり超能力を得たり、
ビジネスで成功してお金持ちに
なることよりも、
モテることのほうが、はるかに威力がある。

モテたい。

と思いませんか？　筆者は、そう思いますねー。

では、なぜ、あなたはモテないのであろうか？

なぜモテないかというと、
それは、あなたがキモチワルいからでしょう。

人生というか人間社会の真理のひとつをズバッと露骨に表現してしまった昔の人（内田百閒という人。昭和初期から戦後くらいに仕事した小説家）の言葉に、

世の中に　人が来るこそ　嬉しけれ
とはいうものの　おまえでは　なし

と、いうのがあります。これ読んで【おまえ】って【俺】のことかなってヒヤッとした人。あなたは「その問題」について、つねにビクビクしているんですか？
わかりやすく現代語訳っていうか、この本のテーマにそって書きなおしてみます。

世の中の女性たちの何割かは、つねに誰かとの新しい恋に、ときめきたがっている。また、セックスが好きで現在ラブラブな彼氏がいない女性が「誰かいい人がいれば遊ぶのはヤブサカではない」とか、セックスが好きじゃない女性が「誰か私のエッチぎらいを治してくれないかな……」とかひそかに思っているということも、けして少なくない。

でも、その【誰か】とは、けっして【あなた】ではない。

【あなた】が恋をすると、恋を求めていたはずの（ついさっきまで「出会いがないんですよねー」とか「誰か、いい人いませんかね……？（笑）」とか言ってた）女性が、あっというまにどこかへ去っていく。

あるいは、かならず女性が去っていくことが【あなた】には「すでにわかっている」から、あなたは女性を誘うことができない。

いきなり何を言い出すんだと思われたかもしれませんが、でも、そういうことでしょ？

で、あなたは、それについて「なぜだ!? 俺は、なんにも悪いことしてないのに……」って思ってますか？

それとも「悪いのは、きっと俺のほうだから、なんとかして俺は成長（！）して、女の子が逃げていかないような、面白おかしい人生をエンジョイできる俺になりたい」って思ってます？

この本は「あなたの日々の習慣だとか着てる服などの、こんな点がキモチワルい!」とか「近年、女性たちはこんな男をキモチワルいと感じる傾向にあるようだ!」といった事例をならべる本では、ありません。そんな本を読んだら「成長しなきゃ……」と思いつめている【あなた】だったら、たちまちノイローゼになってしまうでしょう。ノイローゼにはならなくていい。

かと言って、「自信が無いからキモチワルがられるのだ! キミはぜんぜんキモチワルくないゾ! だいじょぶ! ドンといけっ! うじうじすんなっ!」て本でもない。キモチワルい人が変な自信を持つと「他人があなたをキモチワルがってることに目をつむっている、いっそうキモチワルい人」になるであろう。そういう人にもならないほうが望ましいことは言うまでもない。

この本をぜんぶ読んで内容を理解した【あなた】は、もれなく「あなたは、なぜモテないのか」と「じゃあ、どうするべきなのか」とが、めきめきとわかるようになります。でも「なぜモテないのか」「どうするべきなのか」がわかったからといって、それを【あなたなりになんとか】しなければ、実際に「よくモテるようになる!」わけには、いかないですよ。あと、運もあるしな。

「あなたなりに、なんとかする」というのは、「根性すえて、書いてあることをひたすら実践すれば、なんとかなる！」というのとは、ちがいますよ。本なんか読んでカブれて「ナンパ術・モテ術そのまま実践男」になっちゃうと、ますますモテなくなるから。なぜなら、そういう男も、けっこうキモチワルいからです。

それは、あなたの読んだ本が「どんな本か」には関係ない。うさんくさい著者の書いた精神論ばかりの本でも、書いてあること自体はホントに「いいこと」だったり。みもふたもない技術や情報ばかりを指南するテクニック本やトレンド本でも、書いてあることは、情報・技術としては、じつは役に立つことだったりします。

つまりキモチワルいのはマニュアル本じゃない。マニュアル本を、教科書を暗記するみたいに鵜呑《うの》みにして実践しようとする人がキモチワルいのです。

ところで、この本をぜんぶ読んで、だいたい理解したあなたは「この本もふくむ、あらゆるナンパ本&恋愛マニュアル本の、正しい読み方（本との適正な距離の取り方）」までもが、めきめきとわかるようになります。

ということは「いままでに読んで、読んだのにあなたの役に立たなかった本に書いてあった、さまざまな技術や情報や精神論や説教や優しさの数々」が、ほとんどすべて「あなたの役に立つようになっちゃう」のです。なんと、おトクなのであろうか、この本。

この本を書いた僕は「女性を口説くこと」や「まだセックスしていない（処女って意味じゃなくて、まだ僕としてない人、ってこと）なるべくエッチそうな女性とセックスしてみること」や「してみて相性のわりと良かった相手と、さらにセックスすること」が非常に好きで、それが高じて正確にいうと「そんな者が、運のよいことに」アダルトビデオの男優になって、それから監督になりました。「二村くんはこの仕事に就《つ》いてなかったら、きっと性犯罪者になっていただろうね……」とは、ある同業の先輩の評ですが、自分でも「ほんとにそうだっただろうなー、AV監督になれてよかった……」と、しみじみ思っています。

なぜAV監督が、セックスの本じゃなくモテのための本を書くのか。

それは「エロいセックスをするためには、コミュニケーションの能力が必要不可欠」だと、つくづく思うからです。

なるべく「役に立つように」書いたつもりなので、あなたのほうでもなるべく、役に立つような読み方をしてみて、そしてどうぞ最後まで、ごゆっくりお楽しみください。

	そのことに頭にきてる男	ならば自分を改造するぞと思う男
恋をするとたいていの女の子が逃げていく男	A①	A②
女の子が逃げることを恐れるあまり、声をかけられない男	B①	B②

ところで（すみません、まえおきが長くて）。

さっきの「その男が恋をすると（または、声をかけると）たいていの女の子が逃げていく男」をA、「女の子が逃げてっちゃうことを恐れるあまり、声をかける（または、恋をする）ことすらできない男」をBとします。

で、それらについて「なぜだ!? オレは、なにも悪いことしてないのにっ！」って頭にきてる男を①とする。「すべてオレが悪いのだから、自分を改造すっぞ……」と思ってる男が②です。

さて、ここでちょっと自分のことを考えてほしいんですが、あなたはA①でしょうか？ それともA②？ それともB①？ B②？

あとでまた、この話、出てくるから、考えといてね。

第1章

どんなふうにモテたいのか？どんなふうにモテないのか？

1　そもそも「モテ」とはなんでしょう？

なぜモテたいと思うのか？

あなたは、そもそも自分がどうして「モテたい」のか、考えてみたことはありますか？「だって、それって男の本能だろ！」って答えは、そのとおりかもしれないけど、このさいナシで。

多くの恋愛本には「モテとは何か」というモテの定義は書いてありません。もしかしたらあなたが思っている「モテる」と友人が思ってる「モテる」とは、ちがう状態かもしれない。では「あなたにとってのモテ」とは、どういうことなんでしょう？

なんでこんなことを最初に書くのかというと、自分が「どういうふうにモテたいのか」そして「なぜモテたいのか」を考えることは【自分で自分の欲望のかたちを把握する】ということで、これはひじょうに大切だからです。

「自分はナニがしたいのか？　ほんとうはナニが欲しいのか？」こそが「自分はナニモノなのか？」ってことであり、人間は、それをある程度自分で理解できてないと「相手との関係をどうしたらいいか」わからなくなって困ってしまうことがあるからです。

というわけで、考えてみてください。まず「いったい、あなたはなぜモテたいと思うのか？」から。

▼モテない人生よりも、モテてる人生のほうが、なんとなく楽しそうだからか？
▼実際に誰か知りあいで「よくモテている男」がいて、そいつが、いつも、いかにも楽しそうに幸せそうにしているからか？
▼その「モテている男」は、モテていてもべつに楽しそうではないけれど、それでも「あなたの、モテてない人生」よりは、なんとなくマシなように（あなたには）思えるからか？
▼あなたにはプライドがあり誇りがあり、ちゃんとした（または、人なみ以上の、または、偉大なる）人間である自分が「あまりモテていない」現状は「なにかがまちがってる」と思うからか？
▼それとも「ダメな俺にも、ちょっとくらい異性となかよくする権利があってもいいじゃないか」と思うからか？

▼セックスがしたいからか？
▼結婚がしたいからか？
▼恋愛がしたいからか？（セックスとか結婚とかは、わりと具体的なわかりやすい目的だけど）「恋愛する」というのは、あなたにとって具体的に、どういうことか？　あなたが好きになった女の子が、むこうもあなたを好きでいてくれてる状態、ということか？
▼モテないままだと「人生が先ゆき不安」だからか？

どういうふうにモテたいのか？

次に。あなたにとっての「モテている」とは、どういう状態なのか？　あなたは、具体的にいうと「どういうふうにモテたい」のでしょう？

以下に「だからモテたい、こうモテたい」「どんなふうな状態になることを目指して、あなたは、この本を読むのか」の例を、書き並べてみました。ゆっくり時間をかけて（一気にとばして読むと混乱するかもしれないので）ひとつずつ「もしかして自分はこれかな？いや、これはちがうな」とか考えながら、読んでみてください。

▼モテるということが、かりに「セックスに不自由しない」という状態だとするなら。あなたは、誰とセックスしたいのか？　女なら誰でもいいのか？

▼だとしたら、それはなぜだ？　「生まれてからまだセックスを一度もしたことがないから、とにかくしてみたい」のか？

▼風俗（援助交際ふくむ）を利用することはあるけれど「やっぱりお金を払わないセックスを経験しないことにはダメだ。このままでは男として不完全だ……」と思うからか？

▼ようするにあなたは自分のことが嫌いで、「あんまりセックスしたことがない自分」や「買春しかしたことない自分」というのが【その嫌いな自分】の象徴で、「愛のあるセックスさえできるようになれば自分は変わることができる」って思ってる、のか？

▼それともあなたは「お金を払わないでできるセックス」の味を覚えたてで、とにかくもう、したくてしたくて、たまらないからか？

▼それともあなたは「恋」も「ある程度の交際」も「恋愛」も「相手にお金を払わないセックス」も、もう今までに何度もしていて、でもまだやっぱり「やりたりない、もっともっとモテたい、もっとちゃんとモテたい」のか？

▼では「ちゃんとモテたい」って何だ？

▼あなたが「よし」と思える女の子が全員、あなたとセックスしたいと思ってくれる、と

いう状態が望ましいのか？

▼あなたは「過去に恋人たちに必ず去られてしまっていて、交際というものが長く続いためしがない」のか？　だとすると、あなたにとっての「もっとちゃんとモテる」とは、いったんなかよくなりかけた相手や、何度かセックスした相手から「途中で嫌われないように、つきあい続けることができる」ってことか？

▼もしかして、あなたには今現在すでに恋人か妻がいて、でも「彼女がいつか逃げていってしまうかも」という可能性を考え、彼女から「もっと、しっかり愛されたい」のか？

▼それとも、もしかしてあなたには今現在すでに妻か恋人がいて、その彼女以外の女性たちからも「もっと、いっぱい好かれたい」のか？

▼あなたは、女というものが好きで好きでしょうがなくて、一人でも多くの女性となかよしになりたいのか？　あなたは【女性となかよくしてる自分】が好きなのか？

▼なるべくたくさんの女性と、あとくされのないセックスを、ひたすらいっぱいしたいのか？　だとしたらそれは「セックスしてる最中が楽しい」のか？

▼それとも【いろんな女と上手にセックスすることができる自分】というのが好きで、そのチャンスを少しでも増やしたいのか？　または「まだ自分はそうじゃないけど、それが男としてカッコいいように思う」から「そういう男になりたい」のか？

▼セックスはそんなに大勢とできなくてもいいから、身近にいる女性たちから「あなたステキね」と思われたいのか？

▼さらにもう少し消極的に「女の子全般から、とにかく嫌われたくないと思っている」のか？　あるいは、おばさんとか男性もふくむ、あらゆる【他人】から「まったく嫌われたくない」のか？　他人から好かれる、という意味での「モテかた」を学びたいのか？

▼それとも、モテるということは、たとえば「あなたの側で結婚相手を選べる」ってことか？　だとしたら、あなたはどんな女性なら、その人を選ぶんだ？

▼家事などをちゃんとこなして、あなたのめんどうをちゃんとみてくれる、しっかりした女性か？

▼セックスの相性がいい女性か？

▼それとも今現在、誰か好きな異性が具体的にいて、なかよくなりたい、恋愛したい、もしくは結婚したい、でも、その人から好かれる自信がなくて、恐くて、自分の好意を告げることができない、のか？

▼それとも、あなたはそもそも自分のことが嫌いで【彼女に告白できない自分】というのがその嫌いな自分の象徴で、「あの彼女と交際さえできれば、自分は変わることができる」と思っているのか？

▼それともタレントとか、ゲームやアニメにでてくる女性キャラとかで「とっても好きなタイプというのがいて、つまり「どんなかんじの人と、どんな恋愛がしたいか」というイメージ（妄想?）だけはもうすっかりできてはいて、でも、彼女のような女性が現実に出現したときに、とてもじゃないけど自分は彼女から好かれる自信がないから、あらかじめ今のうちに彼女に好かれるような男になっておきたいのか？

▼それとも「つきあってた恋人に最近ふられたばかりなので、自信がなくなって、どうしていいかわからない」のか？

▼前の彼女と「どうやって始まったか（始めることができたか）」を、どうにも思い出せなくて、あらためて【恋人の作りかた】を学習したい、のか？

▼「恋とは何か」「恋愛とは何か」が具体的にまだよくわかっていない俺だけど、誰でもいいから、とにかく世に人の言う【恋人】というものが一人欲しい、のか？

▼その「一人の恋人」は、どんな人だ？

▼世間的にみて【連れて歩いて恥ずかしくないレベルの外見】の恋人が欲しいのか？

▼人もうらやむ、すっげえ美人の恋人が欲しいのか？

▼あなたのことをしっかり愛してくれる貞淑《ていしゅく》な恋人が欲しいのか？

▼貞淑ならブスでもいいのか？

▼やっぱり、あんまりブスすぎては困るのか？

▼そもそも「しっかり愛してくれる」って、どういうことだ？　貞淑ってことばの一般的な意味なら辞書に載ってるけど、あなたにとっては、どういう意味だ？　「あなた以外の男には目もくれない、浮気をぜったいしない」ってことか？

▼それとも、あなたは「恋人」というものを、一人じゃなくて、たくさん欲しいのか？

▼それとも、あなたが求めるのは【セックス】とか【恋人】とか【愛】とか、そういうめんどくさい話じゃなくて、たとえば「ただひたすらキャバクラなどで（なるべくなら、あまりお金を使わずとも）ちやほやされる」そういう男になりたいのか？

……ごくろうさまでした。どうやら世の中には「あなたの思うモテたさ」以外にも、いろんな「モテかた」「モテたさ」が、あるらしい。

あなたのモテたい理由、あなたがモテたいモテかたは、この中にありましたか？　あるいは、どれかとどれかの複合型だろうか。

それともあんまりピンとくるものがなかった？　だとしたら、ここでちょっと読むのをやめて、あなた自身のことばで「俺は、なぜモテたいのか。どういうふうにモテたいのか」具体的に考えてみてください。短い文章で書いてみてもいいし。

2 「マニュアル本」を読んでしまう男がモテない理由。

自意識過剰だからモテない。

あなたが「どんなふうにモテたい人なのか」「どういう性格で外見で、年齢がいくつくらいで、どんな日々を暮らしてる人なのか」わかりませんが、とりあえず「もう自分は充分にモテている、これ以上モテる必要はない」と確信してる人、あるいは「まあまあモテている、できればもうちょっとモテたいけれども、べつに『モテたくて気が狂いそう』というほどどじゃない」などと余裕ある人は、ひやかしの読者であると考えさせていただいて（じつは「ひやかしお断り」というわけではなく、むしろそういう人々にもとても読んでもらいたい本なのですが）さしあたって、切実な気持ちで読んでおられる皆さん、自分を「非モテ」であると考えている皆さんを主な読者と想定して書いていこうと思います。

あなたは現在、モテていない。が、その状態に甘んじたくはない、どうしたらモテるようになれるかを「恋愛マニュアル本」や「ナンパ本」などを手がかりに真剣に研究した人も、いることでしょう。ところが。

まえがきにも書きましたが（ひょっとすると、あなた自身も気づいていたことかもしれませんが）モテないあなたがするどい目をしてマニュアル本を熟読すればするほど周囲はあなたを「なんだかキモチワルい人」というふうにとらえるらしい。

しかし「そういう本（この本をふくむ）を読んでいる」ということを、いまさら隠したその上で、そしらぬ顔で告白なりナンパなりしようとしてもムダである。

なぜなら、あなたが本に推奨されているファッションやテクニックや言葉でむりやり身を固めてる（もちろん、まったく似合っていない）ということは、あなたが「いいな」と思うような相手には、まずバレているからです。保証してもいいです。

そんな保証すんな！

なぜだ!?　マジメに努力してるだけなのに！　なにが悪いんだよー!?　という問いに答えるなら、早くも「本書の結論その1」が出てしまいます。

あなたが彼女にモテないのは、あなたが「彼女にとってキモチワルい人」だからである。

では、なぜ「あなたが彼女にキモチワルがられるのか」というと、ひとつは「あなたが彼女に対して自意識過剰の状態におちいっている」ため。

もうひとつは「あなたが、あなたと彼女との関係について考えるべきことを、ちゃんと自分の頭で考えてないから」です。

女の人は、どう思っているか。

何人かの女の人に「恋愛マニュアル本を読む男」についてどう思うか、たずねてみました。以下のやりとりは、女性たちから聞けたいろんな意見を、あたかも一人の女性が喋っているかのようにまとめたものです。これはブスが喋っていると思うとむかつきますから美人を想像して読んでください。

——モテない男の人がモテるようになるための本を書くことになったのです。

「それは楽しそうな仕事だね」

——モテない男っていうのは、結局、どうしたらいいのかね?

「まずは恋愛のテクニックとか、そういうたぐいの本を読まないことね。読んだ時点で、ダメな人。本屋でそういうマニュアル本の棚の前で立ち止まるという精神が、すでに負けているよね」

――いきなり手きびしいですね。

「『ビジネスで勝つ方法』みたいな本を読んでいる、いかにも仕事できなさそうな男の人よくいるでしょ。その本をお金を出して買った時点で、もう、その本の著者に食われているよねビジネスで」

――わたくしも最初はそう思ったんだけどね、そういう本てさ、読んでみるとけっこう良いことも書いてあるんだよ……。

「本に書いてあることが悪いんじゃないよ。まじめな気持ちでそういう本さえ読んでりゃなんとかなるって思ってる感性こそがモテないひけつなのよ」

――（正論だなー、と思いつつも、だんだん腹も立ってきた）どうすれば女と口がきけるか、なかよくなれるか、なんて、すごく大事なことじゃん。ひょっとすると男の人生でいちばん大事なことかもしれないのに、男が大人になっていく過程で、それを誰も教えてくれないわけですよ。

「マニュアル本とか読まなくても、あちこちにヒントいっぱいあるじゃない。最初はドラマとか映画とか、バラエティで司会の芸人がアイドルになれなれしい口きいたりしてるのとか、ああいうのを見て、自分の感性に合うのを、まんまコピーするとバレるから、自分なりに参考にして工夫すればいいいんだよ」

――そういう流行りのものが感性に合わないヤツが苦労してるんだよ。

「だったら昔の小説でも、マニアックなマンガとかでも、なんでも自分に合うものから学べばいいじゃない。なんで、そういうところで自分の頭を使わないかな。べつに全部いちいちゼロから考えろって言ってるんじゃないんだから」

――……はあ。

「だいたいさ、そういうマニュアルって、女性一般の攻略法でしょ。せいぜいB型はこう攻めろとか、お嬢さまタイプはこうでギャルはこうとか、そういう分類でしょ。【あたし】はどこにいるのよ？　あたしを口説きたいんでしょ？　しかも口説きかたも本に書いてある通りのテクニック使うんだったら、そこには【あなた】すら、いないじゃない。恋愛とかセックスとかって、一人ひとりやりかたが微妙にちがってて、それが楽しいのに」

――……。

「そういう人って、あたしが好きなんじゃなくて、ただ『彼女が欲しい』だけなんでしょう？『とにかく彼氏が欲しい』とか言ってるバカな女もいっぱいいるからさ、思いつめてるバカはバカ同士でくっつけば？　あ、でも、そういうバカな子って男の顔とか性格とか、後になって必ずツベコベ言うよ。男もバカな男ほど、そうでしょ？　だから一瞬くっついても、すぐに失望してダメになって、おたがい傷つくことになるんでしょ……」

しかたがない、じゃあ（シャクだけど）**検討しますか……。**

あなたがいままで「どうやってモテるか」について（たとえば「どんな服を着ると女性から好感を持たれるのか」「どんなタイミングで、どんな話題で話しかけたら女性と会話することができるのか」「自分には、どんなタイプの女性が向いているのか」など）**の判断を、わりとマニュアルに頼っちゃう人だったとしたら、それは、なぜだったんでしょう？**

というわけで、冒頭からやたらと「?」がいっぱいでてくるのは、この本が、あなたが「自分で考える訓練」をすることもできるメンドクサい本だからです。

読んでてわけがわからなくなったら、わからなくなったところで読むのをいったんやめて、「この「?」は、自分にとっては、どうなのか」「著者はいったい、どういうつもりで、こんなこと書いてんのか」ということを、なるべくゆっくり考えてください。

活字だからってすぐ丸呑みにして信用すんな、ってことは、もちろん、この本に対しても言えることです。それと「読むスピードは読んでる人が勝手に決めていいんだ」というのが、本を読むという行為のカッコいいところです。

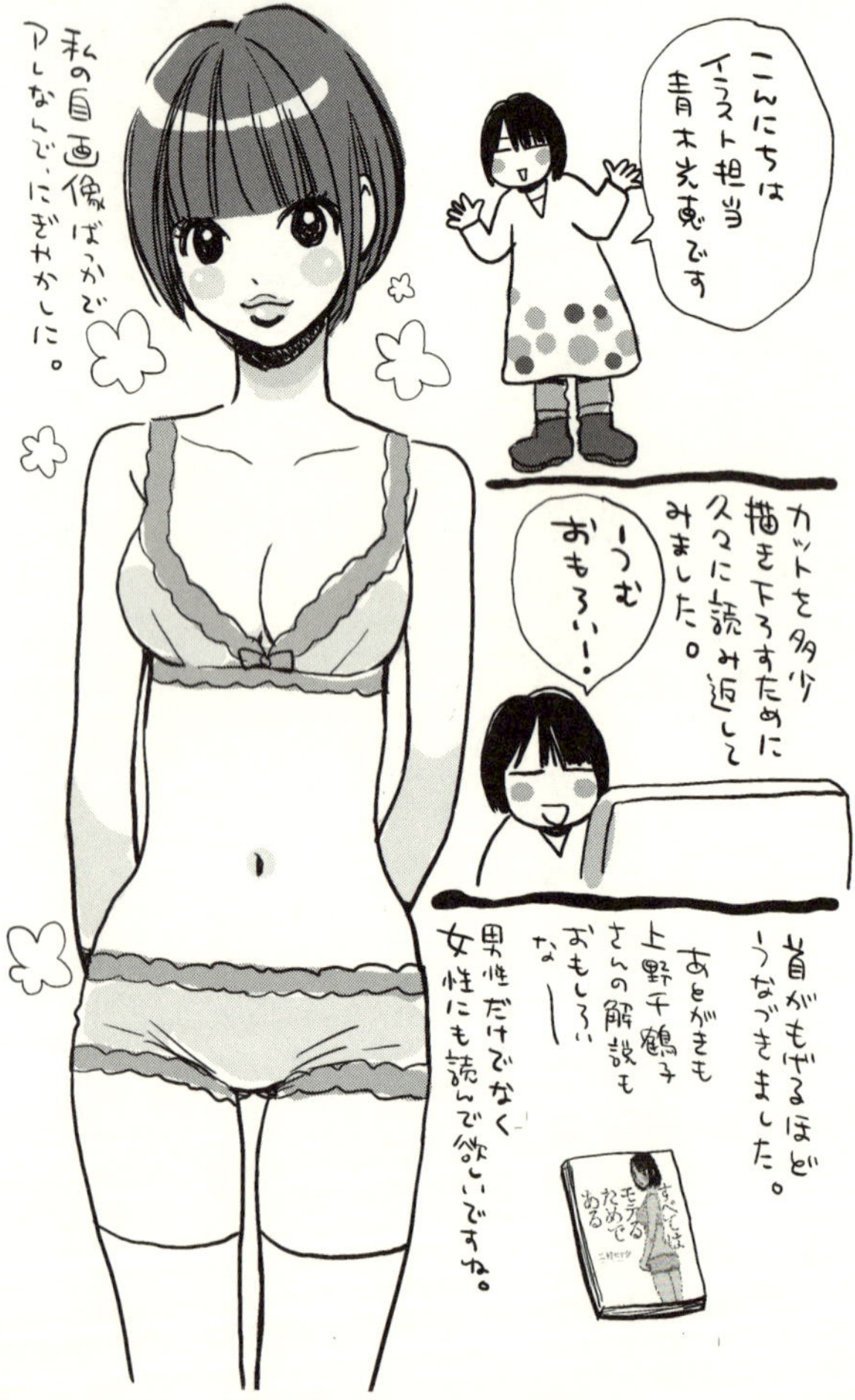
こんにちは
イラスト担当
青木光恵です
私の自画像ばっかで
アレなんで、にぎやかしに。
カットを多少
描き下ろすために
久々に読み返して
みました。
うむ
おもろい!
首がもげるほど
うなづきました。
あとがきも
上野千鶴子
さんの解説も
おもしろい
なー
男性だけでなく
女性にも読んで欲しいですね。
すべてはモテるためである

3　あなたがモテないのは「自分について」ちゃんと考えていないから。

あなたは「バカ」か「臆病」か？

自分の恋について自分の頭で考えなくなってしまう人には、2種類のタイプがあります。ひとつは「恋とか愛とか性とかについて」だけでなく、すべてにおいて「考える」ということ全般が苦手で、ごちゃごちゃ考えるのが「とにかく、めんどくさい！」という人。もうひとつは、そんなことはもう考えたし悩んだけれども答えは出ない、という人。理数系とか仕事のことだったら考えるのは得意だけど、恋愛や性については自分にはデータが不足してる、とか。自分にはセンスがない、とか。さんざん考えたんだけど答えが出なかった、とか。……つまり「正解を自力で出す自信がないし、まちがった答えを選んでしまって相手から嫌われるのが、恐い」から。

というわけで、女性からキモチワルがられる男たちを、

▼そもそも、ものを考えるという習慣がなかった。↓バカ。

▼考えすぎて臆病になって、ちゃんと考えられなくなってしまった。↓暗い人。

このどっちかである、と分類してみます。

「いい人」だからモテない？

ところで、世の中には「べつに女性からキモチワルがられてはいないのに、モテてない男性」も、じつはたくさんいます。そういう人たちは、この本みたいな本をあまり読まないんじゃないかって気もするんですが、そんなこともないのかな？

もし読んでくれてる人の中に「キモチワルくない男の人」がいたら、キモチワルさの話ばかりしてて、ごめんなさい。あなたは「自意識過剰」でもなければ「バカ」でもない。「誰からもキモチワルがられてはいないのに、モテてない人」というのは、「いい人すぎて、意中の相手の前でラブ・モードやエロ・モードに入ることが、どうしてもできない」からモテないだけで、べつに女性から嫌われてはいない。まさか「あなたに性欲がある」とは彼女は夢にも思っていないだけなのでしょう。ひょっとしたら、あなたの「照れ」が彼女に伝染してるだけなのかもしれない。

ですが、それとは別に「社会人としてはそれほどキモチワルい要素はないのに、個人的な交際、つまり恋愛やセックスの相手として女性を求めたときだけ、その女性からキモチワルがられてしまう男」という人も、います。

そんな人はやっぱり、あなたが好きになった女性を前にすると急に自意識過剰になってしまったり自分の頭でものが考えられなくなってたり、つまり「彼女にとって」「恋愛においてて」限定のキモチワルい男になっちゃってるんです。

だから「オレは会社ではキモチワルいなんて言われたことはいっぺんもないぞ、それをなんだこの本は、いきなり決めつけて失礼な」と思う人も、苦痛かもしれませんが「もしかしたらキモチワルがられてる男とは、自分かも」と考えながら最後まで読んでみてください。

あと、「照れちゃうからモテない人は、キモチワルい人ではない」とは限りません。世の中には「照れかたが自意識過剰でキモチワルい人」や「自分で自分を『いい人』だと思ってて、それが他人から見るとキモチワルい人」もいます（けっこういっぱいいる）。

はたして自分がキモチワルい人なのかどうかという問題は、なかなか自分では判断がつかないことですから、そういうことを指摘してくれる友人が少なかったり心配だったりする人は「そうか、オレがモテてないのは『いい人だから』なんだ」なんて安心をしてないで、やっぱり「キモチワルくてモテない男とは、自分のことかも」と考えながら最後まで読んでください。

同じ「土俵」に乗る。

バカゆえに女性からキモチワルい、カンジワルいと思われてる男性が、モテる男になるためには、自分の頭でちゃんと考えられる男にならなければなりません。

などと言うと、バカ傾向の強いみなさんから「考える人になると『暗い人』になっちゃいそうで、それがイヤだ」「オレの友だちに『バカなのにカッコよくて、モテている奴』が現にいて、オレもそういう男になりたいのだ。バカなままでモテる方法は、あるはずだ」といったクレームが出るかもしれませんね。

それに臆病な人たちも「私がモテないのが『臆病で暗いから』なのは、もうわかっていて、自分は『明るくなれる方法』『バカになれる方法』を学びたいのだが、この本は『考えろ』という。考えすぎるとますます暗くなっちゃうのでは？」と思うかもしれませんが。

あなたの知ってる「明るくてバカなのにカッコよくてモテてる男」は、けして「ただのバカなのに美男子だからモテている」とか「ただのバカなのに金持ちだからモテている」とかではありません。

明るくてモテてる彼らは「本当はかしこくて、ちゃんといろいろ考えてるのに、上手にバカのふりしている」か「本当にバカで、なんにも考えていないのに『ちゃんと考えてるのと同じ結論』を一瞬で出せてしまうから、多くの女性からキモチワルがられないという才能を持っている」かの、どっちかです。

「ちゃんと考えられる人」が「暗くて重い」というのは、誤解です。

暗くなるということは「考えが堂々めぐりをしてる」ってことなんです。

ちゃんと考えられれば、とりあえず結論がでます。というか「どう動くべきか」の結論が出るように（しかも借り物の結論じゃなく、自分で）考えられるのが「ちゃんと考える」ということです。明るい、ってことは「それを、さくっと実行しちゃう意志の力もある」ってことですし、相手と自分との関係についてちゃんと考える、ってことは「なるべくスムーズに相手と同じ土俵に乗っかって、相手と同じルールで動ける、遊べる方法を考えつく」ってことです。

「ほんとにバカなのにモテてる奴」の凄い才能とは、きっと、自分で「オレ、考えてんなー」と自覚するより早く、あっというまに女の子と【同じ土俵、同じルール】にたどりつけちゃう、ってことなんでしょう。頭じゃなくて、反射神経を使っているのかもしれない。まさに「才能」です。

いや、彼らもラクしてそうなれたんじゃ、ないのかも。子どものころからの訓練のたまもの（環境や教育が「良かった」から、あるいは「たいへんだった」から）なのかもしれません。

どちらにせよ、あなたにはそんな才能は、ないんでしょ？

スポーツ万能とか歌が上手だとか、そういうのと、いっしょなんです。才能がないのに、なんの努力もしないで「オレもアイツも、たいしてちがわないのに、なんでアイツだけモテてんだろう？　ラクしてアイツみたいになれる方法ないかなー」とか思ってるのは、ひがんでいるのと同じことです。

ひがんでいないで、彼の才能に敬意を表しつつ（あるいは、彼のことを嫌いつつ、でもいいと思いますよ。ひがまずに、ちゃんと憎めば）あなたはあなたで努力して、なんとかするしかありません。

同じ土俵に乗っかってんのはいーが、他人から見ると「ちょっと…」って
カップルもいる。要注意。
バカねーもー!!
ちょっと
あんたッ!!
どーしてあんた
そーなのよッ
いや〜〜ハハハ
うちの奥さんこえーからさ
あ、かわいく描きすぎた。
どーでもいいことですぐどなる（人前でエラそぶる）妻と笑ってあやまる夫…というカップルを知ってますが、仲いいのは判るんだが、妻がたいした実力（って何や…？）もないのにエラそぶる女で、見ててヒヤヒヤする。またこの女、ブスで性格悪いのがすくわれないんだ。自分達で勝手にやってる分にはいいけど。
場所柄わきまえろ——。

「モテてる奴」と「モテてない奴」を分類します。

モテてない人、つまり【かんじわるいバカ】と【暗い人】とは、それぞれ本人の内面がどうなってるのかによって、それぞれ、さらにふたつのキャラクターに分類できます。


「ほんとにバカなのにモテてる奴」は、1ですね。

2〜5が「キモチワルがられる人」です。14ページの質問を思い出してください。

2→A①、3→A②、4→B①、5→B②に、それぞれ対応しています。

1と6とが「モテる可能性のある人」です。

3〜5には、モテる可能性は、まったくありません。

2も、まずモテることはありません。まれに「キモチワルいのに、モテてる人」というのが現れることがありますが、これも「それをめざして、そうなれる」というものではありません。というか「そういう男は世間の目から見ればキモチワルいけれども、彼をモテさせてる女性は彼をキモチワルがってない」のかもしれませんし、だとすれば彼は彼女に

- 1 かんじのいいバカ
- 2 かんちがいしてるバカ
- 3 臆病なのにバカのふりをしてる
  - かんじわるいバカ
- 4 バカなのに臆病
- 5 考えすぎて臆病
  - 暗い人
- 6 考えられる人だが、臆病すぎない
  - 6A かしこく見える人
  - 6B かしこいのにバカのふりしてる

とっては立派な1である（いや、もしかすると彼女にとっては6Aなのかも）。

あるいは、彼がモテていると思ってるのは本人と周囲の男性だけであって、女性側からすれば彼はたんに強姦を繰り返しているだけだという可能性もあり、そんな彼は、いずれ警察に逮捕されるのでしょう。

バカとは「ポジティブな自意識過剰」である、と言いましょうか。

臆病で暗いというのは「ネガティブな自意識過剰」である、とも言えます。

もしかすると2のみなさんの中には、自分が自意識過剰であるとは、あんまり思ってなかった人もいるかもしれませんね。

2が1をうらやむのと同じように、3の人が、自分と6Bの人とのちがいが自分ではわからず、モテてる6Bの人がなんか根拠なくモテてるように思えて、やっかんでしまうのも無理はないことですが。それでは一生モテません。

3や4や5の人は、子どものころから自分を「自意識のかたまり」のように感じてた人も多いでしょう。それが目の前の女性にバレてるから、彼女はあなたをキモチワルがる。どうしたらバレないか、キモチワルがられないかばかりが気になって、ますます自意識過剰におちいります。悪循環です。

恋愛マニュアル本の中には、最初から読者層を「臆病な人」だけに想定したものも多くて、そういう本はだいたい「モテないのはキミが暗いからです！　出会い系で友だちを作ろう！　パーティで女の子に声をかけよう！」みたいなことを言います。それはつまり[4]や[5]の人に「とにかく[3]とか[2]とかになってみろ！」と勧めてるわけで、なんの解決にもなってないんですが、それを丸呑みにして痛い目、苦しい目にあった人もいるんじゃないでしょうか。臆病を治したつもりが「かんじわるいバカ」になっちゃって前以上にキモチワルがられた、なんてのはザラにあることです。

「バカになれ」というアドバイスやテクニックは「[6A]なのに照れ屋ゆえモテてない人が、[6B]や[1]になればたくさんセックスするチャンスがありそうだと立志して、それをめざす際にのみ有効」なのであって、[2]の人や[3]～[5]の人には、その前にやらなければならないことが、たくさんあります。

[2]の人が一足飛びに[1]になりたがる気持ちもわかりますが、前述のように[1]は、なろうと思ってなれるものではない。バカなのにモテてない、つまり[2]の人がモテる男になるためには、まず自分の頭で考え、自分がどう「かんちがい」してるのかを知り、つまり「いったん臆病になる」という、めんどくさい手順が必要なのです。

そして「臆病さ」は「自分が臆病であること」を認めて（とくに[3]の人）その上で、相手と自分との関係を「ちゃんと考える」ことでしか克服できないことなのです。そのためにも、モテてない自分が[2]～[5]のどのタイプなのか、しっかり自分で把握していないといけません。

あなたは、どんな時に、どれになっているか。

なんてね、まるで「この世のあらゆる男性は、この7種類にびしばし分類できる」みたいに書いていますが、実際はモテてる人もモテてない人も、[1]～[6][B]までのいろんな面を持っています。それは、そのときの相手の態度や性格や、状況によっても、ころころ変わるものです。

男性の友人の中では[1]で人気者なのに、女性相手だと[5]になっちゃう奴もいる。

親しい仲間うちでは[6][A]で「たよりにされてる」のに、相手が同性でも初対面だったり偉い人だったりすると、急に[4]になっちゃう人もいるでしょう。

前述の、世間に対しては[2]になっちゃうけれども、つきあってる女性には[1]や[6]として接することができる「局所的モテ男」も、いる。

男の人に恋愛の話を聞いてるとー
好きな女の子の家の前にずっと立たずんでたりしてなー
別に用もないねんけどな そうせずにはいられん時てあるのよ
あーー やったやった!!
なつかしい想い出やなー
それって単なるストーカーやん
あっさり
男はみんなふつーそうなんだよ!!
女性陣

正確に言いなおします。「自分は、どんな状況のとき、誰を相手にしてるとき、1～6のどれになってるのか」を、しっかり自分で把握していないと、いけません。

この本の著者である僕はどうなんだ？　というと「もともと子どものころから5の傾向が強くて、今では3を基本にしてるけど、先入観で他人を値踏みする悪い癖があるので、相手をナメてると2、時として4になっちゃう奴」というところでしょうか。

それでは具体的に「かんじわるいバカ」と「臆病」は、どうしたら治せるのかを考えていきましょう。

第2章

恋愛する前になんとかしておいたほうがよいこと。

1　外見は治すのか？

コンプレックスについて考える。

ここまで「モテない男のモテなさとは、心の内面やふるまいのキモチワルさが原因である」としか述べていなくて、人間の姿かたちのキモチワルさ（体臭などもふくむ）の問題についてはわざと触れてこなかったんですが、それでよいのか？

モテるために治しとくべきことって、ほんとに「バカさ」と「臆病さ」だけなの？　男がモテるかモテないかということと、その人の身体的条件が「美しい／醜い」「イケてる／イケてない」ということは、まったく関係ないのでしょうか？

関係あります。

関係あるのですが、肉体のコンプレックスを抱えてしまった（抱えざるをえなかった）人が最初にやらなきゃならないのも、やはり「考える」ことなのです。

もちろん「このままじゃモテないよなあ……」と「うじうじ悩み、考えこむ」のではなくて、そのことを「どうしたらいいのか？　ちゃんと自分で考える」べきなんです。

くりかえしますが「ちゃんと考える」とは「堂々めぐりしないように、動けるように考える」ってことです。

バカと臆病を治しつつ、肉体のコンプレックスについても、ちゃんと考えておきましょう。

まず自分のコンプレックスの原因が「治すことが可能な」ことなのか、「ごまかすことが可能な」ことなのか、「どっちも不可能な」ことなのかを、よく見きわめましょう。

そして、治すことやごまかすことが可能な原因の場合には、それが「治すべき」ことなのか「あなた自身が主体的に、どうしても、それを治したりごまかしたりしたい」ことなのか「どうも今の世の中では、こうじゃないほうがモテるということらしいから、治したりごまかしたりできたらなー」程度のことなのか、３つのうちのどれなのかを自分で見きわめましょう。

実例を出します。読んでて泣かないように。

たとえば。あなたがチビで、もう成長期が終わってしまってる年齢だとしたら、そのチビさは治りません。あなたが交際したいと思う彼女を「ごまかす」こともできません。シークレット・シューズという商品がありますが、たまにしか会わない人、その人の前では靴を脱ぐことがなくてすむ人に対してしか効果を発揮しないものです。

たとえば。ハゲを治すことは、難しいようです。ごまかすことはできるようですが、お金をかけずに変なごまかしかた（髪型をくふうする、とか）してると、笑われることが多いようです。信用できるメーカーの高価なカツラを装着すると、人の目をごまかすことは、ずいぶんできるようです。しかし、あなたがただ一時的にごまかしたいのならいいんですが、恋が実ってしまったら、いつの日か彼女の前でカツラを脱がなきゃならない日が来ます。だったら、いっそ丸坊主にしちゃうのも、ひとつの方法だと思います。

たとえば。ひどいニキビやアトピーは、もちろん病気です。「病気なんだから恥じる必要はない」なんて言われたって、恥ずかしいものは恥ずかしいでしょう。治すのに、時間もかかります。でも体質なんだから、しかたがありません。でも、あきらめてもいけません。病気なんだから「治す努力をしたほうがよいこと」なんです。モテたいなら、自分の意思で治そうとしましょう。よい病院を見つけましょう。もしかしたら何か環境のストレスが原因なのかもしれません。

太りすぎとか痩せすぎとかは、ごまかすことができません。だから、ごまかす目的でのおしゃれだったら、しないほうがいい。どちらも、治すことはできます。そして「かならずしも治さなければならない」というものでもない。

しかし病的な太りすぎは、それは病的なのですからモテない以前に早く治したほうがよい。自分に向いたダイエット方法を見つけましょう。自分では「ある程度のデブ」なのか「病的なデブ」なのか判断できないようなら、健康診断でお医者さんに訊きましょう。

みっともないくらい痩せてたら、たくさん食べて（胃が弱い人はまずそれを治して）体を鍛えればカッコよくなりますが、いいカラダになったからといってタンクトップばかり着たりして用もないのに筋肉を見せびらかす男は、けっこうキモチワルいですからやめましょう。そういうものは見せるべき時に見せるべき相手に見せればいいのですよ。

好きになった女性から「あなたは嫌いじゃないけどデブなところがイヤ」と言われたデブが数週間後「きみのために痩せました」と言って本当に痩せて彼女の前に現れたら、相手がそういうことに感動する女性だったら、けっこうポイント高いかもしれません。でも「デブ嫌いは口実」であって、じつはやっぱりあなたの内面のキモチワルさが嫌われていた場合は「あー、ウザい」と思われるかもしれません。

あと、周囲に甘えて「いやー、ダイエットはツラいツラい！」と言うばかりで、本人はがんばってるつもりでも一向に痩せないデブ男というのは、うるさいしキモいし嫌われます。

歯がヤニで汚かったり、歯並びが悪いのも、ごまかすことができません。笑うときに口を開けないとか手で隠すとかしてないで、信用できる歯医者さんを訪ねましょう。治す「べき」というほどじゃないと診断されたら、じゃあ治すかどうかは、あなたが自分で決めなければならない。時間はどのくらいかかるのか、保険外だったらお金はいくらかかるのか。

歯列とか肥満は、医学の力を借りて治したからといって、以前のあなたを知る人から「えー、そんなに無理して治したの？（それってキモチワルい……）」と評されるたぐいのことではありません。治すのに本人の努力なり苦痛なりが必要なことは、それに悩んでない人でも、なんとなくわかってますから。

もしあなたが毛ぶかい自分を心底嫌いなのなら、モテるモテないに関係なく、不自然か自然かなどにも関係なく、せっせと（毎日自分で、もしくはエステに大金をかけてもいいですし）脱毛するべきなのです。今日から始めるべきです。それもまた、コンプレックスとのつきあいかた、です。まあ「毛ぶかい男が好きな女もいるらしい」と思えるなら、そのほうが、より手間もお金もかからないつきあいかただとも言えますが。

いっそ「毛ぶかいオレってカッコイイ」と思えれば、それはもうコンプレックスを手放せているわけです。しかし「毛ぶかくないと女にはモテない！」とか「ぜひ、みんなも毛ぶかくなったほうがいい！」とか言い出すようになると、今度は別の意味で他人からキモチワルがられる人になっちゃいますから、気をつけて。

たとえば「毛ぶかいと、あらゆる女に必ず嫌われる」とあなたが思っているとしたら、脱毛産業の広告にマインド・コントロールされているのです。「あらゆる」「必ず」は、あきらかに嘘です。ありもしないところにニーズを作り出すのがビジネスです。ひっかからないように。

毛ぶかい男を好む女も、モテてる毛ぶかい男も、いっぱいいます。もちろん、毛ぶかいからっていうだけで、その男性の他の美点を全部アウトにしちゃう女も、いっぱいいます。だからといって、「毛ぶかい男は絶対イヤッ」な女に「あなたのために毛を処理しました。

ほら、こんなにツルツル」などと言ってせまったら、むしろキモチワルがられることが多いんじゃないでしょうか。先述のデブと同じです。

ましてや毛を抜くでもなく抜かぬでもなく、たんに「こんな毛ぶかいオレじゃあ、女の子に声をかける資格は無いんじゃないかなあ」と日々悶々としてるだけなのであれば、そのヒマがあったら、さっさと一人でも多くの女性と、めぐりあう努力をすべきでしょう。その中に、毛ぶかい男を好む女性がいることを本気で夢見て。


「真性」包茎は、ただちに手術するべきものです。垢《あか》がたまって臭いからです。ちんぽこの先が癌《ガン》になる可能性も高いんだそうです。

しかし「仮性」包茎は手術する必要も、恥じる必要もありません。むしろ手術するとオナニーが気持ちよくできなくなる（包皮のストロークが短くなって、つっぱるから）という説すらあります。僕も仮性包茎で手術してないので事の真偽は確かめられてませんが、ほんとうなのであれば仮性包茎を治すことによって失うものはあまりにも大きい……。そもそも仮性包茎が女性から嫌われるとしたら、それは風呂で包皮をむいてちゃんと洗う習慣がないために、フェラチオの時に臭いからです。包茎が悪いのではなく不潔であることが悪い。

ときどき「僕、早漏なんです…」という悩みを（それも、ほぼ初対面の人に）うちあけられることがあるんですが、なぜAV監督だから早漏についても詳しいだろうと考えるのかもよくわからないし治療の方法もよくわからない……。あ、もしかして「早漏じゃなかったら男優やりたい」というメッセージなのかな。それもよくわからないですが、よくわからないままに「ちんこ入れる前に、やることはやってる？」と答えることにしています。ひらたく言うと「ちゃんと愛撫とかクンニとかは、してる？」という意味です。

たぶん早漏って、早漏が問題というより「早漏で悩んでいること」が問題なんです。女性の中には「あまり長時間やってると痛くなるから、わりと早く終わってくれてもかまわんよ」という人もたくさんいます。物足りないと言う女性には、前戯をていねいにすればよいのです。「ちんこを使って女をヒイヒイ言わせるのが男の醍醐味」って思いこみ自体が幻想なんだ、と思うべきです。

早漏で悩む男性は、早漏な自分が「相手からどう思われているか」を気にしてるんでしょう。それは相手を、見ているようで見ていない。セックスの時に自分のほうばかりに意識が向いてしまっているんじゃないでしょうか。

短小についてですが、セックス好きのスケベな女性のほとんどが「男のセックスの魅力はちんちんの大きさではない！」と断言しています。外科的な増大手術に踏みきるのは「どうしても巨根じゃないとイヤ」と言う女性（少数派）を好きになってしまってからでも遅くないようです。

余談ですが「自分のちんこは立派で頑丈」と自覚してる人は、じつは女性から痛がられてて、ひそかに「早く終わんねえかな……」と思われてる可能性もありますよ。僕は撮影現場で男優さんに「ちんこを、ちんこじゃなくて指だと思って繊細に使ってみてください。ピストンの時にただ突くだけじゃなく、内壁を愛撫するように……」とお願いしてます。これ、効果あります。

たとえば。「自分の体臭は、とくべつ臭いんじゃないか」と考えてしまう人は、いっぱいいると思います。それが事実だったとして、あなたは「不潔だから臭い」のか「病気だから臭い」のか「健康なのだが、人よりちょっと臭い体質」なのか、どれなんでしょう？

いずれにせよモテたいなら常識的な頻度でお風呂に入り、毎日着替えて、洗濯した服を着ましょう。ですが「毎日入浴してても、ちょっと汗をかくとまわりにはっきりわかるほど強烈に臭くなってしまう体質」の人だって、います。それを治す「べき」なのかどうかは、やっぱり自分で決めなければなりません。恥ずかしいでしょうけど、まわりの人にも訊いてみましょう。

15年前版では「臭い男が許さん!!」
ってカットを描いたのですが

風呂入りゃー
解決する
問題なんだから
ちゃんと入れー!!
たのむし!!
こんなカンタンなことができないってのが、とてもムカつく。
まともに風呂入ってりゃそんなにくさくなりよーがないんじゃないかと思うのだが…

今、現在 私が言いたいのは

ギャツビー的な物で体を拭くのやめて!!

あれ、女子はみんな嫌いだと思う。

きもちわるい…
吐く…

・夏場にあのにおい!! 超～～臭い!!

・人前で体を拭くという行為がもうダメ

もちろんふつーに汗をタオルで拭くのは問題ナシ!!

トイレなどで無香のやつで拭くなら
まあ、いいと思う…。

口臭は、胃や歯の病気であることが多いらしいですし、この世に「口が臭い男が好きな女性」は、いません。歯を一日一回以上磨いてるのに「つねに口がクサい」と他人から言われる人は、モテたいモテたくないにかかわらず病院に行きましょう。

顔のマズいマズくないは当人にとっては大問題なわけですが、でも「イケメンなのにまったくモテてない男」も「へんな顔してるのにトータルとしてはなんかカッコよくてモテまくってる男」も、どっちもいっぱいいるのも事実です。

そして顔のマズさは、手術で治すこともできます。

治せることである以上、親からもらった顔で一生いくのか、いじるのか、やっぱり自分で決めないといけません。でも、どっちでも「自分でちゃんと考えて決めた」のであれば、それは自分のコンプレックスと、ちゃんと「つきあった」ことになります。

あなた自身の美意識で「こんな醜い自分は本当のオレではない。もっと美しい外見こそオレにふさわしい」と本気で思うのであれば、美容整形をするべきでしょう。どこをどのくらいイジるかも、医者任せにしないで、自分の希望をちゃんと伝えて。

男の美容整形手術をキモチワルがる女は、います。でも、男の顔の好みがうるさい女性も、男の整形ＯＫという女性もいます。てことはモテるための整形手術は「してもしなくても、どっちでもいい」んです。

でも、あなたが「この顔じゃダメかなあ……」といつまでも悩んでたり、逆に「手術さえすればモテるんだ！　モテるためには……」と思いこんで「とにかく今の流行のイケメンにしてください！」と手術しちゃったりすると、その主体性のなさは、どちらにせよ全女性からキモチワルがられることでしょう。それに、あせってると、へんな医者へたな医者にひっかかる可能性も高くなります。ずるい医者は、ものすごくずるくて、へたな医者は、ものすごくへたくそなんだそうですよ。

コンプレックスと、どうつきあうか？

コンプレックスの原因であるあなたの【特徴】が「治せない」ことなのか「治すべき」ことなのか、べきじゃないとしてもあなたにとっては「やっぱり治したい！」ことなのか、あなたにとって「よく考えてみたら、そうでもないや」なのか、冷静に考えていくと、すこしずつ見えてきませんか？

「治すべきかもしれないが、治らないかもしれない……」なんて悩んでいると、それはちゃんと考えられなくなってるということですから、他人からは「見た目以上に、その内面がキモチワルがられてしまう」のです。

いったん「治すべきだ」と考えたことは、自分の意思で、具体的に治す努力をしましょう。人間には自然治癒力というものは確かにありますが「治したい……」と心で日夜念じているだけで治る、なんてことはありません。

「治したいけど……」だったら、なぜ「けど……」なのか、考えましょう。それが「お金がかかるから」だったら、治すために今日から稼ぎましょう。自分で稼いだお金で、治すなりゴマかすなりしましょう。親からもらった肉体のトラブルだからといって、親のお金に頼って治そうとすると、とくに肥満とかアトピーとか心因性の要素も多い問題だと、まず治りません。

それに、あまり苦労せずに治すと、すぐに次の「別のコンプレックス」を持ってしまう可能性があります。あなたが臆病な人なら、モテないことやキモチワルがられることを（自分でも気がつかないうちに）自分の外見や体臭だけの責任にしてしまいたがるからです。「肉体改造」とか「変身」とかは、たとえば「自動車を買う」ことと同じなのです。それが「本人の趣味」でなくちゃ、やっちゃダメです。やりたい人が、やればいい。ちゃんとやるとしたら、値段なり代償なりは決して安くはない。忘れてはならないのは、へたをすると危険をともなう、ということ。

この間テレで観た、美容整形した男の子（18才くらい）

元々そんな悪い顔じゃない。

キリッとした男前になった。

（ちょっと濃いめ。）

私は前の顔のほうが好みやな〜〜

てな、私のシュミのことは置いとくとして
何と言っても気になったのは彼の肌で
もう、ものすごいんだニキビ跡が!!

彼がもしキモチワルがられてるとすれば、それは目鼻だちではなくてその肌と、それに気付かない（気付いてるだろうけど、後回しにしている）はずした、認識の甘い、鈍いとこなんじゃないかと思う。

元の顔がそんな悪いんじゃなくてさ〜〜

整形の金でエステに行け!! もしくは目とかじゃなくて肌を手術しろ!!

だから肉体にコンプレックスを持つ人は、自分のコンプレックスの原因について「治すのにかかる期間や、お金の常識的な相場は、どのくらい」とか「この方法で本当にゴマかせるのか、納得がいく変身ができるのか」「手術するんだとしたらこの病院で安全なのか」といった、冷静で正確な知識を持たなければならないのです。他人のコンプレックスをネタに金を稼ごうとしてる人は、すごくたくさんいます。もちろんマニュアル本（この本も）の著者や出版社などをふくめて。

でも「治したい！」と思ったのなら、治すしかないでしょ。自分の責任で。注意ぶかく。でも臆病すぎないように。

コンプレックスを抱えたまま、キモチワルくない人間になる方法があります。自分のコンプレックスを認めてしまって、それと「つきあって生きていく」という方法です。治せない欠点は、あきらめて開きなおる、というのも、つきあいかた。治すのに時間がかかる病気を、あきらめないでしっかり治そうと努力するのも、つきあいかたです。

原因を治すにしろ、そのままでいくにしろ、自分のコンプレックスとちゃんとつきあって「自分はこういうコンプレックスを持ってる男なのだ」ということをきちんと把握できたら、それが臆病さを克服する助けになります。

2　バカを治す。

下品な男。

次に「かんじわるいバカ」の治しかたを考えましょう。

バカな人間というのが、学校の勉強ができない人とは、かぎりません。また、女の子から「気が利かないわねー」と思われていたり「なんかトロくさくてキモい」とバカにされてる男性は、これはどちらかというと「考えすぎていて臆病」か「バカのくせに臆病」のほうです。

「かんじわるいバカであるがゆえにモテていない人」とは、女の子から「わりと下品」だとか「乱暴」だとか評価されてる人のことです。「臆病なのにバカのふりしてる」あなたが「下品で、しかもトロい」と思われてる可能性は高いですが。

下品なバカといっても、すぐ下ネタを言うとかスケべっていう意味では、ありませんよ。スケべなのにかんじわるくない、むしろスケべだからモテてる男も、いっぱいいる。そういう人物の口にする下ネタは女の子から「げひーん♡」「えっちー」「やーねー♡」とか言われて、わりかし好評です。この「げひーん♡」と「下品」の違いを、わかっていただきたい。

下品な男の口にする下品な下ネタは、女の子からだいたい無視されます。ちなみに臆病な男が無理してがんばって言った下ネタは、無視はされませんが、その場の全員が凍りつきます。

じっさいに不潔にしている男、バカゆえに働く気がなくて（働けない、のではなくて）貧乏している男というものもいて、こういう人は普通ならモテないわけですが、ややこしいことに、世の中には歴然と「不潔にしてるのにモテてる男」「働く気がなく貧乏なのにモテてる男」というのも、いたりするものです。

そんな隣人を見てバカな男というのは、つい「オレも不潔でも、働かなくてもいいのかも」などと思ってしまうことがしばしばあります。

そしてモテていないマジメな男が「そうか、下品だったからいけなかったんだ！」と一念発起、身を粉にして働き、お金持ちになり、お金のかかった上品な身なりになったのにバカは治ってないから心は下品なままで、いいトシして（しかも金持ちなのに）人として卑しいふるまいをするというのも、かなりキモチワルいことです。若いころだったら「若さゆえのマジメな下品さ」を「それはハングリーさだから」と許してくれる女性は、いなくもなかったのに。

いや、お金持ちになれた男が、女性に対してケチでさえなければ、下品なままでキモチワルい男のままでセックスだけは確実にできて、それで幸せであると本人が心から実感できていれば、それはそれでなんの問題もないわけです。心から幸せな時期が長く続くと、だんだん、かんじわるさも下品さも治ってくるものです。

そうなれば最初はお金に魅かれて集まってきて彼のキモチワルさをガマンしてた女性たちが、やがて、いつのまにか「かんじわるいバカ」が治ってキモチワルくなくなった彼に惚れなおす、なんてことは、よくあることです。

ただ、そんな彼がある日、とつぜん「モテていたのは俺じゃなくて、俺の収入かも！」などと気がついて（バカが、へんな治りかたをして臆病になっちゃったんです。これもよくあることです）しまうと悲劇の始まりです。周囲の女性に、つらく当たったりし始めて、かんじわるくなります。周囲も大変です。

あと「金持ちになる過程での苦労によって、バカは治る！」という考え方もありますが、これはどうも確実じゃないように思えます。苦労したことをひけらかすのは自意識過剰ですし、よくない苦労をすると人間はますます卑しくなります。今している苦労が、良い苦労なのか悪い苦労なのかは、当人には、なかなかわかりません。

モテてないのにワイルドを目指すな。

乱暴なバカというのは、たとえば、あなたがあなたの【モテる男の友だち】と女の子と3人で街を歩いてて、モテる友だちがなにかでキレてガードレールかなんかをガーンって蹴っとばした、そしたら彼女は口では「やめなよ……」とか心配そうに言いながらも、なんだか目は♡になっていた。そのうえ後日、彼のいないところで「彼ってワイルドねえ♡」などと発言していた。

さらに後日、あなたが同じ彼女の見てる前で（わざと、なるべく）まったくおんなじようにガードレールを蹴っとばすと、彼女は眉をひそめて「乱暴ねえ」などと吐き捨てるばかりで目は♡になっておらず心配そうな素振りも見せてはくれずあなたは傷心、きつい不公平感にさいなまれた……、なんて経験、過去にないですか？

ここで述べたいのは、あなたはけして「ワイルドと乱暴との違いは何か」といったむなしい課題に着目してはいけないし、ましてや「カッコいいガードレールの蹴とばしかた」

を研究しても始まらない、ということです。

スケベさも、そうです。スケベだからモテてる男がいっぱいいるからといって、モテるスケベさとは？　下品でないスケベさとは？　とか追求してもしかたがない。いや、それはそれで楽しいテーマですから、あなたがそれらを、自分がモテるモテないに関係なく心から研究したければ、するのはけっこうなんですが。

たしかに「カッコいいワイルド」「粋なスケベ」というものを記述した映画・マンガ・小説などのたぐいがいっぱいありますし、それらから「ワイルドさ」「粋さ」だけを取り出すことも可能でしょう。ですが。

彼が「ワイルド」あなたが「乱暴」、彼が「えっち♡」あなたが「下品」と評価されたのは、たんに彼が彼女から好意を持たれてて、あなたは好意を持たれてないからにすぎないのです。キモチワルい男がいかにワイルドや好感度スケベなふるまいをカタチだけ真似ても、それはやっぱり乱暴で下品と思われて、より嫌悪されていくだけなのです。

バカだけどモテてる奴というのは、乱暴だろうがスケベだろうがトロかろうが、かんじわるくなくて、バカだけどサワヤカだったりするわけです。

あなたは「特別」じゃない。

もしかしたら、あなたは自分で自分のことを「特別な人間だ」と思ってるんじゃないでしょうか。

あなた、もしかして、まだメジャーにこそなってないけど、じつは優れた才能を持つ芸術家（マンガ家とかミュージシャンとか俳優とか）なんじゃないですか？

だとしたら、あなたが今この本を読まなければならないほどモテてないのは、なぜなんでしょう？　世の中の女どものほうが、まちがってるんでしょうか？

あるいは、あなたは自分をエリート・ビジネスマン、ないしは優秀な起業家であると認識してる人かもしれません。もしくは入るのがすごく難しい（とされてる）学校の学生だとか、卒業生だとか。

まったく老婆心ですが、あなたみたいな人たちはマルチ商法とか新興宗教とか高いお金をとる生き方セミナーみたいなのに、とってもひっかかりやすい人だから、気をつけたほうが、いいかも。いや、べつにあなたが「モテなくともいい、幸せになりたい」んだったら、そういうのに本気でGOしちゃったほうが（行くなら、本気でね。疑いながらだと御利益ありませんよ）てっとり早く「幸せに」なれます。でも、この本は『人生を成功させる』ための本ではなくて『あなたがモテないのはなぜか、はたしてモテるようになることはできるのか』を考える本なので。

「マジメなくせに虫のいいことを考えてる困った奴」よりもっとキモチワルくてもっとモテないのが、べつになにかをなしとげようなんて努力してるわけでもないのに、なんとなく「自分て特別かも」と思ってる、あなたです。

その自意識があなたを【他人から見てキモチワルい男】にしてるんじゃないだろうか、と疑ってみたほうがいいでしょう。

あなたがこれから、なにかの大きな仕事をなしとげなければならないと決意してるんだったら、自分をはげますためにも「自分は特別だ」と思いこんだほうが力が湧く性格の人もいます。その場合は、その仕事をなしとげていっぱしの人間になりとげれば、もう「自分は特別」なんて思わなくても平気になります。そのうち肩の力もぬけ、仕事をなしとげたことで自信もついたりして、そしたらキモチワルくなくなりますからモテます。それまでの辛抱です。

自分は特別だと思いこむことで「自分をはげましている」あいだは、あなたはキモチワルい人なんですから、モテることのほうはあきらめなくてはなりません。自分をはげましつつ女にもモテようというのは虫がよすぎる。いっぺんにふたつともは無理です。キモチワルがられてることを、今は、いっそのことバネにしましょう。ただし。世の中には、自然体っていうんですか？　自分を特別だなんて思いこまなくても力を発揮できる人はいて、そういう人はあなたとちがって、がんばってるのにエラソーではなく、だからモテてますよ。

あなたが誰であろうと、あなたは断じて【なにか特別な人間】では、ありません。もしも「なんらかの才能」があるのだとしても「なにか素晴らしい技術」を持ってるんだとしても、なにか大きな仕事を世の中のためにすでになしとげた人だったとしても、なにかのいきさつであなたの名前があなたの知らない人々の記憶にも残ってるとしても、それでもあなたは【特別な人】じゃない。

その人間が「特別かどうか」を決めることができるのは、本人じゃないからです。決めるのは「社会」でも、ありません。世の中で「偉い」とされてる人物が「特別」なわけでもない、という意味です。

それを決めることができるのは、その人がそのときそのときで面とむかってる「相手」なんです。

もっとかんたんに言うと、あなたがエラソーにふるまってもよいのは「あなたがエラソーにふるまっても、そんなあなたをキモチワルがらないでいてくれる人」を相手にしているときのみである、ということです。その人が【あなたと同じ土俵に乗ってくれてる人】です。「あなたがエラい」のだという【同じルール】で、あなたと遊んでくれてる人です。

と、ここまで読んで「そーそー、そういう、かんちがいしてるバカって、いるいる。キモチワルいんだよなー」って笑ってる、あなた。

あなた、もしかして「自分はとくに【特別】ではないけれど、でも『恋愛というのは平凡な人間を特別な存在に変える』ものである」と、言い換えれば「恋をしている間だけは、僕はドラマの主人公」と、思ってはいなくとも、でもやってることはそういうふうになってしまってないでしょうか？

ふだんは「理性ある凡人」であるあなたが、好きになっちゃった女性に対しては、急に【特別】なことを、してないでしょうね？

「エッ？　恋って、そういうものじゃないの？」て思った、あなた。だからモテないんですよ。軽はずみに、あるいは思いこみで、相手のつごうを考えず「冷静に考えたら恥ずかしいこと」をしちゃうというのも、ずいぶんエラソーなことなんです。

相手がそうされて本当に嬉しいかどうか考えないまま、とつぜん高価なプレゼントをあげたり、とつぜん名前を呼び捨てにして愛称で呼び始めたり、あなたにしてみれば「愛情の表明」のつもりでしたことが、あなたにまだ好意を持ってない相手にとってはエラソーに感じられるんです。

それが「同じ土俵に乗ってない」ってことです。彼女にしてみれば、かなりキモチワルいことです。

「エラソーにする」というのは、「お前は俺と同じ土俵に乗るべきだ」とか「俺が上にいる土俵にお前も乗せてやるよ」とか言って、相手がそこに乗る気がない自分の土俵を、相手に押しつけることです。じっさいにイバッたり乱暴にしたり、場ちがいなスケベなことを言ったりすることだけじゃないんです。

もう一度、P39の表を見てみましょう。

臆病じゃなくてバカだけどモテてる【1の人】は、多くの女性と同じ土俵にサッと乗れちゃうわけだから、乱暴にしても過剰に優しくしても、それを「エラソーだ」ととる女性は少ないわけです。

かしこいのにバカになれる【6Bの人】は、ちゃんと相手を見ます。そして自分と同じ土俵に乗ってくれそうな女性相手にだけ、バカなことをします（ずるいっちゃずるいですが、それがバカじゃない人間同士のつきあいというものです）から、相手を見まちがえなければエラソーだとは思われない。

臆病じゃなくてバカなのにモテていない【2のあなた】は、モテたいんだったら「はたしてその女性が、いま、あなたと同じ土俵に乗ってるのかどうか。近い将来、乗ってくる可能性はあるのかどうか」について、もうすこし臆病になってください。

臆病なのにバカやってる【3のあなた】が「自分は特別」と思い込んでしまったり、「誰が自分と同じ土俵に乗ってるか」の見きわめがつかなくなって、同じ土俵に乗ってもいない女性に【特別】なバカなことをしてしまうのは、じつは自分に自信がないからでしょう。

あなたは、たんに「じつは臆病」なだけなのでした。そのことはみんなにバレています。

自分でも、さっさと認めましょう。

3　臆病を治す。

「適度に」自信をもつ。

というわけで、モテていない人には全員とりあえず臆病になっていただきました。

次はその臆病さをどうやって治すのかという問題ですが、人間があるていど臆病であるということは、言い換えれば「謙虚である」ということですから、そう考えるとこれは、すっかり治してしまうべきものでは、ないのかもしれません。

しかし、謙虚に相手と接して「この女性はオレと同じ土俵に乗ってくれているのかも」と思えたとき、思いきってあなたから距離をつめることができないと、去られてしまうかもしれない。

また、もうちょっとで同じ土俵に乗れそうな女性が現れたとき「相手を、うまいこと乗せる」という技術めいたものがもちろんあるわけですが、そういうのは、いくら技術だけ学んでもオドオドしながら持ちかけたら、まずダメです。そういう時に「臆病すぎること」

は、とても邪魔になります。

たいへんよくないのが、そんなことを繰りかえしてるうちに臆病な自分にイヤケがさして、自分のことを（一時的な自己嫌悪じゃなく）本格的に嫌いになってしまうことです。

「自分のことを愛せない人間には、他人をねたむことはできるが、他人を愛することはできない」なんて、よく言われることですが、これはやはり本当でしょう。そんな人のほうが、前章で述べた「やなかんじのバカなのに、自分のこと好きすぎる奴」よりはマシっちゃあマシですけど。

どうしたら臆病さを抱えながら（つまり【かんじわるいバカ】にならないで）自分を好きになることができ、いざというとき勇敢になることができるのでしょう？

あたりまえのことを言いますが、それには「適度な自信」を持つことです。

では、どうしたら臆病なあなたが【かんじわるいバカ】にならない（戻らない）ように、しかも自信を持つことができるのでしょう？

自分の【居場所】をつくる。

自分に自信のないあなた、臆病すぎる（ネガティブな自意識過剰の）あなたは、他人から、とくに女性からカッコわるいと思われてしまうんじゃないか、自分が他人からどう見られているか、いつも、すごく気にしてることでしょう。

そんなあなたは、自分では自分のことを、どう見てますか？

「モテない」「臆病だ」というのは、わかったから、それ以外に。

あなたは、たとえば「自分が何者なのか」ということを、会社名とか学校名とか職業とか収入とか血液型とか星座とかではないことで、自己紹介することは、できますか？

この本の第1章で考えたことを思いだしてください。たとえば、あなたはどうしてモテたいと思う人、なのか？

いま憧れてる女性がいるなら、その人のことは、ちょっとのあいだ（無理して）忘れてください。で、かりに彼女とまだ出会ってなかったとして、あなたは、どんな性格のどんな外見の女性と、どんな交際やどんなセックスやどんな結婚生活を楽しみたいと思いますか？

たとえば、あなたがカラオケにいくと必ず歌う歌は、なんでしょう？

あなたは、その歌のどんなところが好きなんですか？

たとえば、あなたが今までに観たか読んだかした、映画かドラマかマンガかアニメか小説か（なるべくなら最近話題になったばかりのものじゃないほうがいい）子どものころ読んだり読んでもらったりした昔話とか童話とか絵本とかもふくめた「あなたが生まれてこのかた接した、あらゆる【おはなし】の中で、いちばん面白いと思った」「すごく印象に残ってる」のは、なんでしょう？

その「おはなし」のアラスジを、簡単にでも語ることはできますか？

その「おはなし」は、なぜ、あなたの心に残っているんでしょう？　その「おはなし」のどのへんが、登場人物のどんな部分が、あなたにとって、どう面白かったのか、説明できますか？

たとえば。あなたは何を想像しながらオナニーすると、いちばん興奮しますか？

それは、なぜですか？

「そんなことが、モテるってことになんの関係があるんだ？」て思うかもしれませんが、すごく関係があることなので、本気で考えてみてください……。

どんな答えでも、いいんです。「これこれこういうものを好きな男がモテる」という話じゃなくて、「自分が『なにが好きなのか』をよく知ってて、その理由も認識してる男のほうがモテやすい」ってことを言いたいんです。

仕事の職種だとか収入額とかじゃなくて「あなたは『どんなことが好き』なのか」ってことこそが、「あなたとは何者か」ということなんです。

たとえば、あなたにできることで、あなたが普段やってることで、あなたがいちばん好きなことは、何でしょう？　それをやってるときが「自分でもいちばんイキイキしてる」なんて思えることは？

「趣味」さえあればいいってもんじゃないですよ。パチンコ行ったりスポーツ観たりインターネット見たり書きこんだりで（たとえ毎晩の日課にしてるんだとしても）ただ漠然と毎回時間をつぶしてるんだとすると、モテてないあなたにとっては、ちょっとキビしいかも。ましてや、それが「いま流行ってるものだから。みんながそれを話題にしてるから」だったりすると、それは「あなたの自己紹介」には全然なってない。あなたが確信犯のミーハーで「流行ってるものだからこそ心から楽しめるのだ」とキッパリ断言できるなら、それはそれでたいへん結構です。

「なにが好きかを自分でわかってるか」ということは、おおげさに言うと「あなたには、ちゃんと自分で選んだ【自分の居場所】があるか」ってことです。

くさいことを言いますけど「心のふるさと」みたいなとこがあるか？ってことです。そこに帰れば、とりあえず臆病にならずにすむ、ふるさとです。

それがあるってことは【しっかりと自分を持っている】ってことです。

「居場所って言ったって、オレは仕事と酒とパチンコ、ゲームやネットばっかりで……」って、パチンコ、いいじゃないですか。

パチンコだったら、攻略法に熱中して、勝とうとしてください。それを楽しんでくださ い。あるいは「どうしても勝てないんだけど、それでも毎日パチンコ台の前にだらだら座って玉を弾いてるのが、たまらなく好き」って自信もって言えるあなただったら、それでもいいんです。

ゲームだったら「こんな、上達しても一銭にもならないことにハマってるオレって……」なんて思わないでください（そう本気で思うんだったら早くやめましょう）。

それを好きな自分に、誇りを持ってください。でも「べつに楽しいってわけじゃないんだけど、他にやることもないし、なんとなくそれを毎日やっちゃうだけ」ってかんじだと、それはハマってるんじゃなくて「逃避してる」と言います。それだと心のふるさとに、なっていません。

お酒もそうです。「毎晩飲むのがクセになってるから」じゃなくて、「仕事がつらいから、忘れるために、しかたなく飲む」んじゃなくて、せっかく飲むんだから「おいしいなあ」

と思いながら飲んでください。

自分の「平凡な仕事」が心から好きで、それ以外にそんなにやりたいことがないってことは、恥じることではない。それだけで誇りを持っていいことです。

自分の人生の一部に、ちゃんとハマってください。本気でハマらなきゃダメです。

「あの人、輝いてるね」などという恥ずかしいことばもありますが、ようするに「あなたの輝いてるところは、どこですか?」ということだと考えてもらってもいいでしょう。イキイキと全身で輝きまくらなくってもいいんです。輝くのなんて、あなたの一部分でいい。ないんだったら、そういう部分を作りましょう。いまから、なにかにハマりましょう。

なににハマるのかは、もちろん自分で考えて決めるんです。いま自分は何が好きなのか?

そもそも自分は子どものころ、「女にモテたい」なんて思い始める前に、何が好きだったのか? ゆっくり考えてみてください。

「このクルマかっこいいから、買って乗りまわしたら女にモテるだろう」じゃモテませんよ。高いお金出して買うだけムダです。あなたが、それに心からハマってないからです。「美容整形するかしないか」の話と同じことです。自分で決めないと。

そのことをエサにして女の子を釣るためじゃない。「自己紹介できるか?」と言いましたが、その自己紹介で見栄をはる必要はない。他人からしたら、つまんないことでいいん

カラオケで流行りの歌が歌えなくとも
車、持ってなくても、背が高くなくても
たいしてお金持って
なくても
オシャレじゃ
なくても
いーの。
ゴジラの話
さえできれば。
とか言う
女子は、けっこう多いと
思われますぞ
(しかも美人で)

って、カットを前に描いたわけですが、実はこれって
わざわざ言ってないだけで「イケメンじゃなくてもいいけど
気持ち悪くない人で」って大前提ですからね。

ちなみに、おたくな話ができて、そこそこ可愛い女子は、ヲタ男子の中に
入っちゃえば激モテなので競争率すごく高いです。

です。むしろ、くだらないことのほうが望ましいんです。

なぜかと言うと、いちばん注意しなければならないことは「それにハマったことで、エラソーにはならないで！」ってことだからです。

「エラソー」になるな。

ハマっている自分をタレ流しにしてるとキモチワルい人になります。

くれぐれも、あなたの【好きなこと】が特別なのは「あなた自身にとって」だけなんだということを忘れないでください。

たとえば、あなたはラーメンが好きで好きで週に3回くらいいろんな有名店を食べ歩いてそれをブログに書いてる人だとします。初対面の女性から「ご趣味は？」と訊かれたとします。

正解の答えは「ラーメンのブログやってるんです……」と【恥ずかしがりながら】答えること（もしくは、答えられないこと！）です。よくいるでしょ、とつぜん「いかに自分がラーメンに詳しいか」べらべら喋り出して止まらなくなっちゃう人。あれが一番まずいんです。

かりに、どうやら相手の彼女もラーメンに興味があるらしいと思えたとしても「それっ、同じ土俵だ」とばかりに、すぐ自慢話を始めては、いけません。
「同じ土俵に乗ってる」というのは、別に「同じラーメン好き」ってことじゃないんです。他人が同じ趣味なら「心を許して、すぐ好意を持ってもらえる」とは全然かぎらないんですから。そうあせらないでください。

とにかく、エラソーにだけは、ならないでください。本来すごく謙虚なところが、臆病なあなたの美点だったんです。

もし、あなたが「なにかについてエラソーになっちゃう」としたら、それは「そのことについて本当は自信がない」からです。

「自分には好きなことがあって、自分はそのことに誇りを持ってるんだから、自分は大丈夫」という自信を、自分の中にしまっといて、他人には（狙った女にすら）軽々しく自慢したりしないのが、かしこい人間の「誇り」なのです。

もしもあなたが首尾よく「かっこよくなりすますこと」に成功しても、「一見かっこよくても自分を持ってない男」のキモチワルさは、わりとすぐバレます。

「自分を持つ」というのが具体的になんのことだか、よくわからないから、とりあえずマニュアル本にある「かっこよさ」を追求してたんでしょう？

「【心のふるさと】を持ってる＝自分の居場所を持っている」ということは「俺についてこい」とか、人と意見が合わない時に自分を譲らないことではありません。「エゴが強い」「我が強い」というのとは逆のことだと思ってください。

「自分の居場所」があると、自分と相手の関係性において、本当にいい状態がわかってくる、だから相手に優しくできるのです。

簡単でしょ？　とは言いません。

いま「居場所がない」と感じてるあなたがそれを見つけるのは、ちょっと大変かもしれません。でも無理して「かっこよさ」を目指したり「コミュニケーションの技術」だけを机上で（お金や時間をかけて）学んだりして、そしてフラれつづけるよりは能率的です。

好きなことを、自分で見つけてください。

べつにそんなたいそうな「自分」を持たなくても、いいんです。無理して「特別な」ことを好きにならなきゃ「自分を持ってる」ことにならないってわけじゃない。

心から好きになれることなら、それは平凡なことでいい。それよりも「自意識過剰にならないこと」のほうが大切です。いいあんばいに【臆病】と【バカ】の中庸《ちゅうよう》を取れるのが【ちゃんと、かしこい】ということなんです。

では、どうやったらそのへんのバランスをとることができるようになるか、ということを考えたいんですが、その前に。

いちばん臆病でバカなのは。

これまでに、いろんなタイプの「キモチワルいからモテない奴」に（でもじつは根っこはみんな同じで、つまり「自分がわからない」バカ＝臆病「自分が持てない」であって、それがどんなカタチで出るかのちがいがあるだけ）それぞれ処方箋を出したわけですが、それでも、まだピンときてない、ひとつもオレのことじゃないじゃないか、はやく「オレのモテない理由」を教えてオレをモテるようにしてくれ、と思ってる、あなた。

「オレは『自分がある』し、なにが好きか自分の言葉で言えるし、自意識過剰になるほどヘマじゃないぜ」って、あなた。

あなたが、いちばん臆病でバカな男です。バカの中のバカ。

あなたは幸か不幸か、学校の勉強や会社の仕事がソツなくテキパキと、できちゃう人なのでしょう。そんなあなたは、自分が「エラソーな」と思われることにも「臆病」と思われることにも敏感ですし、要領もいいですから、一見それほどエラソーにも臆病にも見えないようにふるまえています。

あなたは、あまりへんなコンプレックスを持つことなく、ここまでこれた。だからあなたは「暗い奴」ではない。「自分の居場所」もあると思ってて「自分は輝いてる」とも思ってる。

でもモテてない。

もしくは、モテてはいるけれども相手の女性と「ちゃんと愛しあえない」あるいは「自分がモテたくないような女性からモテる」から、いつも「もっといい女にモテたい、もっともっとモテたい」と思っていて、ぜんぜん幸せではない。

あなたは例えば、顔に「セックスしたい」と書いてある。いや、男子たる者ほとんど書いてありますし、この本の読者の顔にはまちがいなく全員書いてありますが、あなたがキモチワルいのは、そう書いてあることにあなただけが気づいていない。または「バレやしないだろう」とタカをくくってる、という点です。

あなたは「自分では謙虚だと思ってるがしかし、じつは、すっごくプライドが高い」という点で（39ページの分類を、もう一度ご参照ください）自分では6Aだと思ってる2、だとも言えますが、あなたのガンコさは、わかりやすい【かんちがい君】である2の連中より、もっとタチがわるいんです。

わかりやすい【かんちがい君】は、実力もないのに自分を「芸術家」だとか、ビジネスマンだとしたら「すごいビジネスマン」だと思っていて、そういう人は他人が（ましてや、自分が好きになった女性が）自分のことをあがめないのは変だと思ってて、だから他人からすぐ嫌われますし、自分が自分で思ってるほど「すごく」はないんだと思い知るチャンスも、生きていれば、そのうち、あります。

ところがあなたの場合は、じっさいに仕事はできる。世の中の役には立っている。だから自分は【バカ】である（ふだんは隠せているけど、じつはプライドがひじょうに高い）ってことを思い知る機会が、実生活では、なかなかない。

人から「あなた腰は低いけど、じつはエラソーですよ」とか「あなた、じつは臆病なんでしょ」と指摘されるとすると「俺は根が臆病だから、かえって仕事ができるんです」とか「私がエラソーに見えるとしたら、プロとして誇りがあるからだ」とか、すぐ言いたくなりませんか。「あなた、じつはスケベでしょ」と指摘されると「そりゃそうですよ男ですから」とか言う。それで話を終わらせようとする。「それを認めなさいよ」と言われると「認めてますよ」と笑うか怒ってしまう。

「自分のプライドを守る」ってことに異常にすばやく、かしこいんです。

誰かがあなたの【痛い部分】に触ろうとすると、あなたは、ものすごい速さで逃げる。

言葉としては理解しながら、そのことを【自分の問題として】受けとめられない。

あなたの、その鉄壁の守りを崩すには。あなたが、自分のプライドが通用しない世界にいって痛い目を見るしかないでしょう。

でも、べつに今から仕事を替えたりしなくても、もしかしたら、こんな本をあなたみたいな人が読み始め、ピンとこないながらもここまで放り出さずに読み続けてくれたってことは、すでにかなり「痛い目」にあいまくってるのかもしれませんね。

たとえば「社会的な体裁とかもあって、40歳までにどうしても結婚しておきたいのに、相手がいなくて」とか「理性ではそれほど苦しくはないが、感情的にすごく好きになってしまった女性がいて、もちろん自分から告白なんてできず、困ってる。自分でも、なぜだかわからない」とか。

女だってバカじゃないから、じゃなくて（バカ女もいっぱいいますが）バカじゃない女の目には、あなたが結婚するときっと典型的な「つまらん夫」や「暴君」になるであろうことがハッキリ予見できちゃうから、あなたはモテないのです。

あなたのその周到な（でもバレてんだから、じつはマヌケな）ガンコさと、その天下一品のバカを治すには。

「バカなのに臆病」なんですから、臆病なのにバカやってる人の逆（ていうか同じ）で、ま

なんだか
二村さんが
怒っているし
私も怒ろう!!
ハン!!
ヘンにプライドの
高い男って
嫌やよね～～
カッコわる～!!
エロ話
も
下手で
自分を
落としめる
関西系
話術も
持ってない
くせに
←必要以上たね……
30いくつで
年収一千万も
もろてるや
なんてッ!!
許せん!!
そんなん
でけんでも
ええから
一千万もろた
ほうがええやろ

ずあなたのその臆病さの原因は、自分が「かなり頭の悪いせいである」ということを認めましょう。

あなたがどんなに「いい学校」に行ってても、どんなに「仕事」ができても、あなたは「頭が悪い」のです。それは「頭が固い」からです。「自分を守ろう」としてるからです。

まず自分で「オレがモテないのは、ガンコゆえのバカだからだ」ってことを認められたら、エラソーさも臆病さも、治したくなってくるから。

4 【オタク】は治さなくていい、が。

オタクには「居場所」がある。

「オレはオタクじゃない」って人も、とばさないで読んでください。

さて、著者は、モテない男がモテるようになるためには【オタク】もしくは【仕事オタク】になれ！と、勧めてるんじゃないのか？

ある意味では、そうかも。

また「オレは現に、かなり濃いオタク（もしくは仕事オタク）だぞ。なのに、ぜんぜんモテてない」と困惑してるか、「むしろ一般の人間と比べ、より女の子からキモチワルがられている自信があるぞ。どうしてくれる」と怒ってる読者も、きっといることでしょう。

「オレは、オレたちみたいな人種がモテないのは、当然なのかと思ってた。でもやっぱりオレは、自分がハマっている趣味（もしくは仕事）以外に、生きる道を知らない。でもやっぱりモテたいんだ。だからこそ一生懸命こんな本を読んでるんだ」とか。

たしかに、オタクの特徴というか【一般世間の目から、どう見られてるか】をあげるとすると、たんに「なにかにハマってる」だけでなく「そのことにハマりすぎていて、そのため、そのことにハマってない人（よその世界の人）とコミュニケーションしにくくなってる」ってことになるのではないでしょうか。

もちろん、ここまででお勧めしてきたのが「他者とコミュニケーションができなくなるくらい、なにかにハマりなさい」ということでなく、「モテるためには必要な【他者とのコミュニケーション】において臆病になりすぎないために『オレは、オレの好きなことにハマっている』『オレには居場所がある』という自信と誇りを持て。しかも、そのことでけしてエラソーにはなるな、謙虚であれ」という意味だというのは、理解していただけていると思います。

モテるオタクとモテないオタクのちがい。

とすれば、怒ってる読者というのは「自分は【居場所がある】という自覚はある。だがそれは、よその世界の人、世間の人とコミュニケーションするための自信には、つながらない。つなげかたが、わからない」または「オレは自信を持って世間の人とコミュニケーションしてるんだけど、やはりキモチワルがられてるような気がする……。どうしてくれる」という人でしょうか。

「オタクにとっての【居場所】なんて、しょせん自信を持てば持つほど、どうしようもなく自動的にエラソーでキモチワルくなり、世間とのミゾは深まるばかりだ」とか？

ほんとうに、そうでしょうか？

あなたは自分がキモチワルがられてることを、自分がオタクであることのせいにしていませんか？

僕は「オタクは必ずしもキモチワルくない」と考えます。あなたは「オタクだからモテ

「イケメンじゃなくっても
気持ち悪くなきゃいい」と言いつつ
こういう言葉も
存在しますよね
ただし
イケメンに
限る!!
逆な事を言ってるようで
実は結局同じ事を
言ってるんじゃないかな？どうでしょう？？
15年前には
なかった言葉
ですね

てない」んじゃなくて、あなたは「もともとモテない男、つまり【自分がコミュニケーションしたい相手と同じ土俵に乗れない男】であり、その現実から逃避するためにオタクになった（なにかにハマった）」のではないですか？

オタクでありつつキモチワルくない男、オタクでありつつモテている（気に入った相手と同じ土俵に乗れる）男は、いっぱいいいます。

オタク男にも、モテる男とモテない男がいて、ふつうの男にもモテる男とモテない男がいる。考えてみればあたりまえのことなのですが、だとしたらオタクであってモテてないあなたのほうが、ハマれるものを持ってなくて居場所がなくて自分というものがしっかりしてない「ふつうの」モテてない男よりも、モテやすいはずなのです。

オタクなのにモテてない人というのは、オタクであるなしに関係なくキモチワルい。バカまたは臆病だからモテにくいんです。

言いかえれば【ちゃんとしたオタクじゃない】つまり「オタクっぷりが【まっとうな自信】と【謙虚さ】に結びついてない」からモテない。

あるいは【じつはそれほど他人の愛もセックスも欲してはいないのに、口でだけ「モテたいモテたい」と言ってるだけ】か。

ちゃんとしたオタクなのに【セックスもしたい】男たちは、オタクなのにエッチな女の子（けっこういる！）や、本人は一般人だが「オタク男というもの」に興味を示すエッチな女性（よく知らないけど、いるらしい）と着実に関係しています。

ちゃんとしたオタクで【結婚したい男】は、同じジャンルのオタク女性と結婚していることが多いです。

本当にモテたいんだったら、あなた少しはモテる努力をしてますか？　とんでもなくチンケな服装してたり不潔だったりするのは「オレ、オタクだから」ですか？　それは、いいわけになってませんよ。

女性のオタクもいっぱいいいるジャンルにハマってるのにモテてないオタク男性に訊きたいんですが、あなたはなぜオタク仲間の女性を口説こうとしないんでしょう？　全員ブスだから？　もういいかげん、そういう迷信からは卒業しましょうよ。美女も美少女もいるじゃないですか。「でも、やつらは態度がキモチワルい……」からですか？　つまりあなたは「自分と似たものが嫌い」なんですか？　ようするに、自分を好きじゃないんですね。

あなたがオタクでありながら、オタク仲間とうわっつらでヘラヘラ【濃い冗談】とやらで笑いあいながら、心の底ではお互いを憎んだり嫌いあったりしてるのは、だからなんですね。類は友を呼ぶんです。そういうあなたたちを見て一般の人は「オタクってキモチワルい」と思うんです。お互いウンザリしあいながら酒呑んでヘラヘラしあってる「ちゃんとしてない一般人」のキモチワルさと、じつはよく似ているんですけどね。そのままだと、あなたは、いつまでたっても【ちゃんとしたオタク】にはなれないし【ちゃんとしたオタク】と友だちにもなれません。

【ちゃんとしてないオタク】ってのは、なにかにハマってることによって「自分を持ててる」わけじゃなく、たんに淋しくて、同じ話題で盛り上がれる仲間がほしかっただけ、自分より「濃くない」オタク相手にエラソーな顔がしたかっただけだったりするんです。それは【居場所】ってもんじゃ、ありません。

【あなたの居場所】というのは、チンケな同類がうじゃうじゃ群れてるところじゃなくて【あなたが、一人っきりでいても淋しくない場所】っていうことです。

そういう場所に自信と謙虚さをもって立って、「おなじようなものにハマってる人」とも「別のジャンルのものにハマってる人」とも「なににもハマってない人」とも、ある程度のコミュニケーションができるようになれれば、【モテたいと願うオタク】としては理想的です。

モテないオタクは、ある種のマンガを自分に都合よく読み間違えている。

話はかわりますが、そしてますます話はアニメやマンガのオタク寄りの話になって恐縮ですが、僕自身がオタクになり始めたころ（それは「オタクという人種が、ひとめにつきだしたころ」でもありました）に『うる星やつら』というマンガがありました。マンガ作品としてたいへん面白かっただけでなく、その後の多くのオタクたちの恋愛観というか精神に、たいへんな影響をおよぼしました。

「主人公の男の子が、突然現れた宇宙人の美女に一方的に惚れられる」という物語なんですが、どうたいへんだったかというと、この作品のヒット以来、いろんな作者による似たようなお話が、オタクむけのマンガや小説やアニメやゲームやエロ本で次々と作られ、いまだに作られつづけているわけです。

しかし、そういうお話というのは「ちゃんとしてないオタク男」たちに、すごく勝手に都合よく解釈されてしまって、彼らを甘やかす余地がある。

その解釈というのは、つまり「この世の現実は、サエない僕にとってツラいものだけど、僕はこのままで、ここでこうして待ってれば、この世のものじゃない可愛い妖精がきっと僕のところにやって来て、僕を愛してくれたり、いろいろ楽しい別世界に連れていってくれたりするかも」って、「サエない僕のままでも」ってあたりが、シンデレラ・コンプレックスで王子様に気に入られるよう化粧くらいはしてる女どもより、さらにもう一段ひどいというか、「恋のドラえもん幻想」とでも呼べばいいのでしょうか。

しかし実際の『うる星やつら』は1ミリもそんな話ではありません。主人公は「サエない、ちゃんとしてないオタク」じゃないどころか「オタク」ですらないし、美女宇宙人も主人公を甘やかしてはいない。むしろ「男と女の都合には、必ずギャップがある」みたいな手きびしい現実をテーマとギャグにした、かなりシビアなコメディなんです。

というわけで、あなたが本当にモテたいんでしたら、オタクであろうとなかろうと、夢や幻想を見てる目で現実を見るのは、やめましょう。現実には、可愛い妖精はあなたのところには（誰のところにも）絶対に来ませんから、あなたから誰か現実の女性に声をかけなくてはダメなのです。

それでも納得いかないあなたに、訊きたいことがあります。
あなたは今この本を読んでおられますが、……本当に、心から、モテたいんでしょうか？
あなたが「恋のドラえもん幻想」に心からハマってるオタクなのであれば、もしかすると、あなたって「べつにモテなくても、いい」んじゃないでしょうか？

あなたは本当にモテたいの？

「ちゃんとしてないオタク」だと「オタク仲間」にすらモテないことはまちがいないですが、しかし僕は「ちゃんとしてないオタク」を撲滅したいわけではない。

なぜなら、「ちゃんとしてないオタク」は他人からキモチワルがられこそすれ、すくなくとも、「自分を持ってない（自分が何を好きなのか、わからない）モテない男」よりは「生きていきやすい」と思うからです。

また、彼らが「モテない自分」に耐えられずネット上で憎しみや逆恨みをばらまいたり、犯罪行為に走るのは社会にとっても迷惑なわけで、だから彼らは自分のためだけでなく世の中のためにも、キモチワルくない男になって、すこしモテるようになる義務がある。

しかし【幻想の恋】にハマってるオタクが、それと同じものを現実の女性には決して求めず「セックスも恋も結婚もしなくていい、アニメとオナニーだけでオレは充分！」と開きなおることができるのなら、これは社会にも迷惑はかかりません。

いじけるのではなく、ふてくされるのでもなく「べつにモテなくともいい」と本気で割りきれれば、現実の他人と接するときに、必要以上に臆病になったりエラソーになったりしなくてすみます。そうすればあなたは「変わった趣味の人」ではありますが、キモチワルがられることはないでしょう。

現実に幻想の甘さを期待したり、ナマミの女性と優しい妖精と「両方とも」ってのは、ムシがよすぎます。

そして現実というのは、けっこうキツいものだったりします。マジメな恋愛にせよ遊びのセックスにせよ、女性が優しかろうが優しくなかろうが、うまくいこうといくまいと、あなたは必ず傷ついたりするわけです。

あなたのハマってるのが「幻想の恋」だとしても、あなたがそれを外部にまき散らすキモチワルい男でさえなければ、あなたの側から現実の女性を求めることはないわけですからモテるようにはなりませんが「ちゃんと自立したオタク」になることはできるかもしれません。だったらその幻想は捨てなくていい。

どっちを取るのか自分で選んでください。

さて、この章の最初のほうに戻ります。

オタクじゃなくて【居場所】がなくてモテていない人は「自分の【居場所】を作ろうとして【なにか】に熱中すると、オタクになってしまうんじゃないか」ってことは恐れないでください。「オタク＝キモチワルい」は迷信です。

モテたいあなたは【キモチワルくないオタク】に、「他人からどう見られてるか」に心を配れる【ちゃんとしたオタク】になればよい。

というわけで、やっぱり【オタクのススメ】なのでした。でも、自分が好きでもないものに無理につきあうなんていうのは、「ちゃんとしたオタク心」からもっとも遠いことです。ホントに「あなたが好きなこと」だけにハマってください。

前半のまとめ　後半へのイントロダクション

ここまでを、もう一度ふりかえってみましょう。

【かんじわるいバカ】は、同じ土俵に乗ってない相手に自分の欲望をぶつける人です。

【バカなのに臆病な男】や【考えすぎて臆病な男】は「誰からも嫌われたくない」と思ったり、「自分はすべての他人から嫌われてるんじゃないか」とおびえたりしてるから、欲望を出すことができなくて、こじらせている。

「自分は臆病だという自覚はない」のにモテてない人は、女性から【かんじわるいバカ】と思われてるんですから、「自分はなにか特別な人間だ」とはくれぐれも思わず、「恋愛中だからなんでもアリ」ともゆめゆめ思わず、謙虚になって、エラソーじゃなくなってください。あなたの側で勝手につっ走って、むこうが欲しがってもいない高価なプレゼントをあげたりするのもエラソーの部類です。

臆病なくせにバカやってる人は「自分がじつは臆病で、無理してバカやってる」ことを、とりあえず素直に認めるべきです。

じつは臆病で（または、謙虚になった結果）自分にまったく自信が持てないって人は「自分は何が好きなのか？」を思いだし、自分が好きな「そのこと」に、もっとハマってください。ハマってる間は、自信が持てるでしょ？　そこが【あなたの居場所】です。それを手がかりにして、自分のことを少し好きになってください。

ハマれた人は、それにハマってることで自分がエラソーになってないかどうかチェックしてください。エラソーだったら逆効果。それは【ちゃんとした自信】じゃないです。ハマりつつ、相手に対して、まわりに対して謙虚になれるように。

すでに何かにハマってるのに一向に自信が持てない、という人も、きっとハマりかたが良くない。何にハマるか、どうハマるかを考えなおしましょう。

ところで。

あなたや僕が、女性に「モテたい」と思うのは（あるいは「やりたい」と思うのは）どう考えても、ただ単に性欲のせいだけじゃ、ないですよね。

きっと人間は、他人から「あなたは、そんなにキモチワルくないよ」って、保証してほしいんです。「やらせてくれ」とか「僕と、つきあってくれ」って他人に言うのは、そういうことです。

あんまり浮世の義理がからまない、よく知らない女の子がやらせてくれたら、それは、あなたがキモチワルくなかったんだ、ってことになります。

やりたい相手に「やらせて」とどうしても言えない人は、「言って、誰もやらせてくれなかったら、どうしよう。オレはほんとにキモチワルいことになっちゃう……」って恐れているんです。


多くの人が「もしかして僕ってキモチワルいのかも」と無意識に思ってしまったり、意識して悩んでしまうものですが、生まれつきそんなことを思わなくてすむようにできている人が【さわやかなバカ】です。モテます。

やってることがキモチワルいのに、自分が「キモチワルいと思われてるかも」と疑ったことのない奴が【かんちがいしてるバカ】で、モテません。

「オレはちゃんとしているんだから、オレのキモチワルさは、他人にはバレてないだろう」とたかをくくってるのが【ガンコなバカ】です（これは【インチキな自己肯定をしてる】とも言えます）。自信があるように見えますし、たしかに社会的にはちゃんとしている人も多いんですが、かしこい女性にはモテません。

「たしかに私はキモチワルいかもしれないが、しかしそんなこと、いくら悩んでもムダだ」と考えついて、悩むのをやめ、同時に、なるべく他人からキモチワルがられないよう、できるかぎりの配慮をしてる人が『かしこい人』です。モテます。

でも、そんなにかしこくなくても、人間は何かに熱中さえしていれば（つまり【心のふるさと】にいれば）そのあいだは悩まなくてすみます。自信も持てます。

ですから、なにかに熱中しつつ、なるべく「かしこい人の、周囲への配慮っぷり」をお手本にして、熱中しているあいだにも周囲や相手に対してエラソーや卑屈にならないように、気をくばりましょう。モテますから。

話がそれますが、たとえば宗教も熱中の一種です。なにか特定の宗教を信じるということは、その宗教の神さまから「あなたはキモチワルくないよ」と保証してもらえるということですが、同じ宗教の信者以外からは、どうしてもモテにくくなります。

熱中のあまりかどうか知りませんが「なるべく他人からキモチワルがられないように、できるだけ配慮する」ことを忘れてしまってるのが【ちゃんとしてない、キモチワルいオタク】です。モテません。ほんとに熱中して忘れてしまっている人もいますが、中には「オレは熱中してるんだから配慮などしてるヒマはない！」とふんぞりかえっている人もいます。まったくモテません。

あなたは、まだナンパとかしないほうがいい。

次の章でお薦めする【現実の女性相手のコミュニケーションのトレーニング】は、お金がかかります。たいへんだろうとは思いますが、これもやっぱり自分で稼いだお金で勉強しないと、あまり身につかないものなのです。

ここから先が、またちょっと大変なんですが、とにかく恐がってないで、街に出かけて現実の女性に会うことにしましょう。

街に出かけると言っても「さっそく街角に立ってナンパ」などというバカなことはしませんよ。

なぜ街頭ナンパが、バカなことなのか？　ナンパというのは、「できる人にはできる、できない人にはできない」ことだからです。

街に出れば、ナンパを待ってる（ように見える）女の子は、いくらでもいる。気の強そうなギャルや、動きの素早そうな女性ばかりでなく、あなたでもひっかけられそうなトロそうな娘も、いっぱいいます。

「ナンパを待ってる女性に声をかけないのは、かえって失礼にあたる」というのが旧来のナンパ・マニュアル本の思想でした。たしかに正論なのですが、それは、その本の読者のための思想であって、今のあなたのためのものではない。

あなたが「いままでナンパをしたことがない。したいなーとは思っていたが、今までふみだす勇気がなかった」男であるなら、マニュアル本を読んでいくらか元気が出たからといって、勢いこんで街に出て手当たりしだい声をかけても、いちばんトロそうな女性にすら必ずフラれます。

なぜかというと、ナンパこそ【土俵】の問題だからです。

ナンパされたくて街にいる女性たちは、あなたのように「ナンパはキッカケ、そのあとのセックスまたは恋が目的」な男に声をかけられたがってるわけじゃありません。そして、あなたがそうであることはバレてます。オドオドしてるかギラギラしてるか、きっとどっちかだからです。

彼女が声をかけられたいのは、ナンパというゲームの土俵に乗ってくれる、あるいは、その土俵をもう用意してくれてる、ナンパ慣れした男性、かけひきで彼女たちを楽しませることができる男性です。もちろん、彼らだって最終目的はあなたと同じ、セックスです。でもナンパ男というのは、それ以前のナンパ行為そのものが、たまらなく好きで、楽しんでやっているんです。女の子を無理して楽しませようとしてなくて、先に自分が楽しんじゃってる。ひっかけられる女の子も、どうせなら、そういう男にひっかけられたほうが楽しい。

ギラギラしてるあなたがしでかしそうな、もっともマズい失敗は、あせるあまりナンパされたがってない女性にまで声をかけてしまうことです。土俵に乗る気のない相手を、無理やり乗せようとしてしまう。

ですが、ナンパされたくない女性にとって、ナンパしてくる男というのは、たまたま入ったトイレの便座に付着していた他人のウンコそのものです。「達人だって打率3割というぞ。フラれるのも練習のうち」などと、わけのわからない根性をだして、進んでウンコと思われ、キラワれぐせ、キモチワルがられぐせをつけてしまうのは感心しません。

それでもあなたがどうしても「ナンパを楽しめる男」を心からめざすんであれば、最初のうちはウンコあつかいされてもよし！という強い意志のもと『ナンパ・マニュアル本』を読んで「ナンパという土俵」の作り方を研究してください。そして日々実践。そうしつづけているうちに、だんだんナンパが似合う男になっていく、かもしれません。

第3章

どこで出会うのか。誰と出会うのか。

1　エッチなお店で練習だ。

あなたは「女の子のいる店」について、どういう認識であるか？

さて、自分のキモチワルさについて具体的にわかってきたところで、「女性とのコミュニケーション」を実践してみましょう。まずは【女の子がいるお店】に、でかけます。

あなたは【女の子のいるお店】を、どう思っていますか？

この本の読者（モテてない男性）の半分くらいは、すでにそういうお店にハマっている人なんじゃないか、という気もします。

キャバクラにハマってお金を使いまくり、しかもそこでぜんぜんモテていない【あなた】は、ハマりかたをまちがえています。この章を熟読して、自分と【お店】とのスタンスを、ちょっと考えなおしてみてください。

あなたが「女の子のいる店でサービスしてもらって、お客としては楽しい思いができている。でも、そのことと【客ではなく、ひとりの人間として女性にモテる】というのとは、ぜんぜんちがう話だ。素人の女の子とは口をきいたことがないんだけど、お店の外で恋愛というものがしたい」と思ってるとしても、この章を読んでから、もう一度お店に行ってみてください。手がかりがあります。

「オレは風俗店で、ちゃんとしたサービスをしてもらってない気がする。風俗嬢から嫌われてる。でも風俗の女しかオレを相手にしてくれない、だから行ってしまう。金を払ってるんだから、せめて風俗嬢くらいにはモテたい……」という【あなた】は切実なんでしょうが、それではダメです。なにがどうダメなのか、この章で勉強してください。

でも、じつは読者の残りの半分である「実生活でもモテてないけど、プロの女性には興味ない」「女の子のいる店なんて、べつに行きたくない。お金を使ってモテてもしかたがない」と思っている【あなた】にこそ「とりあえず女の子のいるお店に行ってみること」を強くお薦めしたいのです。

この本では、女の子のいるお店を、あくまでも【実社会でモテるための、練習の場】として考えます。しかも練習のつもりで冷静な気持ちででかけたほうが、「実社会ではモテないから、せめてここで……」と考えて行くより、お店で、よりモテる。そしたら練習そのものがだんだん楽しくなってくるという一石二鳥の効能があるのであります。お金はかかるけどな……。

女の子がいるお店に行く前に。

この本でいう「女の子のいるお店」というのは、大きく2種類にわかれます。「Ⅰしゃべるだけの店」と「Ⅱエッチなことができる店」です。

Ⅰにはキャバクラとかガールズバーとかスナックとか、Ⅱにはピンサロとかデリヘルとかソープとか、いろんな種類のお店がありますが、同じ名称でも地域の条例によって、やっているサービスがちがったりします。

Ⅱだと痴女ヘルスとか洗体エステとか回春マッサージとか、Ⅰだとメイド喫茶とかは、面白いんだけど【練習の場】としては不向きです。

「そういう店にあまり興味がない」という人にも薦めてしまうんですから、この本で強調しとかなきゃならないのは「残念なことに、そういった店の中には、恐ろしい店もある」という事実です。

繁華街のどまんなかには、判断力を失うほど酔っ払ったお客を、無理に（あるいは適当なことを言って、だまして）ひっぱりこむお店が集中しています。そうでなくても、そういう場所は家賃が高いわけですから、それだけ料金が割高なことが多いです。

店の前にいる呼びこみのお兄さんがなんだか強引すぎる場合は、やめておいたほうが無難でしょう。

ネットには風俗店情報・キャバクラ情報が、たくさんあります。電話番号と所在地と店名、料金システム等をはっきり掲載しているところであれば、そんなに恐ろしくありません。

キャバクラなら、店に入ってから女の子に飲み物を飲ませてあげたりおつまみを取ったりするといくらかかるのか、「これ以上いると延長料金になりますよ」というタイミングを店のほうからちゃんと教えてくれるのか、といったことを確かめておいてください。

風俗店でも女の子がつく前に「総額いくらですか？」と、訊いておきましょう。

ていねいに訊けば、まともな店なら、教えてくれるはずです。不審だったら決然と店を出ましょう。店の中にいる店員さんに確かめるんですよ。呼びこみのお兄さんの言ってたことを信用すると、あとになって「そいつは店の者じゃありませんなあ。そんな人間の言ったことに責任は持てませんなあ」などという卑劣な開きなおりをされて、財布ごともっていかれることだってあります。

店側がサービスでお酒を出してくれることがありますが（キャバクラは、たいてい焼酎とか安いウイスキーの水割り飲み放題）、緊張を解こうとするあまりたくさん飲みすぎていい気持ちになると、つい時間をオーバーして、お金をたくさん払うことになってしまいます。

そして酔っ払ったお客は、女の子からは確実に嫌われます。

あなたはお酒を飲みにきたのではなく、女の子とコミュニケーションする練習をしにきているのです。

キャバクラに行こう、コミュニケーションの練習をしに。

練習と言っても、あなたは「女の子のいるお店」でなにをしたらいいのでしょう。

それは「女の子と同じ土俵に乗る」という身体感覚を覚え、それに慣れていくことです。

まずはキャバクラです。お酒を飲みに行くんじゃないのはもちろんですが「恋人を作りに行く」のでもありませんよ。

いま彼氏のいないキャバクラ嬢が、客とついセックスしたり恋におちたりすることは、ありえます。しかしそれはお客何百人かに一人とか、そんな割合です。いちおう「口説い

ても いい店」ではありますが、「口説ける店、恋人が見つかる店」ではないのです。

じゃあ口説いても意味がないのかというと、そんなことはない。

キャバクラというのは「現実の肉体と感情を持った女の子を好きになって、その子を口説く、という【つもりになる】ことが許されたバーチャル空間」なのです。

それで「なーんだ。だったら、むなしい」と考えてはいけません。だって、目の前にいる女の子は現実の存在なんですから。ここで【練習】しないで、どこで練習するんですか。

キャバクラは、海や川ではなくて、釣り堀です。人工的に作られた環境だという意味でバーチャル空間ではありますが、そこには現実の、ほんとうにいろんなタイプの女の子がいます。もちろん「水商売に勤めることになった女の子」という範疇《はんちゅう》ですから「すべての種類の女の子がいる」というわけではありませんが。

そして、よっぽど女の子が少ない店じゃないかぎり（基本料金で飲んでいられる時間が1時間だとすると）1時間のあいだに2回から4回、女の子を替えてくれます。店にしてみれば、いろんな女の子と会わせることで、あなたがその中の誰か一人に惚れて、ちょくちょく通ってくるようになり、そのたびに彼女を【指名】することを期待するわけです。

だから「あなたの席で話が盛りあがってる」と店側が見たら、あなたたちがもっとなかよくなれるように、交替させずにじっくり話をさせてくれる場合もあります。別の店では、もうちょっとで口説けそうな（とあなたが思った）タイミングで、女の子を替えられちゃうかもしれない。後者の店は「商売は短期決戦だ」と考えていて、興奮しているあなたにその場で彼女を【場内指名】させて呼び戻させようとしてるわけです。経営方針のちがいです。

指名すれば必ずその彼女と喋れるわけですが、指名料というのが加算されます。それがキャバクラの商売なのですが、あなたは【練習】をしにここに来ているんですから、指名をしないで、女の子の数をどんどんこなしてください。好きになっちゃいそうな女の子が登場してもグッとガマンして、いろんな女の子と喋りましょう。

一軒の店に、一人の女の子にそんなにお金をつぎ込まなくて、いいんです。むしろ、次から次へと取っ替えられる女の子と、限られた時間内で、なるべくたくさんコミュニケーションする。

そのために、もちろん「あなたの側から」明るく話しかけなければなりません。なにしろ時間は限られてるんですから。

恐がっていないで、話しかけましょう。

この本の前半を熟読して、自分のキモチワルさについて真剣に考えることができた【あなた】なら、大丈夫です。ケチな人なら「目の前にいる彼女と喋れる権利と時間にお金を払うんだから、話しかけなければ損だ」と思ってもいい。

キャバクラの女の子が、なにしろいちばん嫌がるのが、ずーっと黙っている客です。

自信をもって（カラ元気でもいいですから）相手の目を見て話しましょう。

卑屈にならないように。

それから、エラソーにならないように。

まず話しかけることができたら、次は、時間が有限だからといって、けしてアセらないこと。彼女とは、いつかは必ず別れの時がくるのです。そのことを覚悟はしつつ、でも「あと何分かな」なんて心配はしない。心配してもしょうがない。その時がきたら、まるで運命のようにお店のボーイさんが彼女を連れ去ってくれますから。なんか、こう書いてるとキャバクラとは人生そのもののような気さえしてきましたが、まあ気のせいだね。

「この仕事、長いの？」とか「どこの生まれ？」とか、まず彼女のことを少し訊きましょう。あなたのことを訊かれたら自己紹介しましょう。

自分のことばかりペラペラ喋ってないで、彼女の喋ることを、じっくり聴きましょう。質問したいことがあったら、臆せず訊く。でもあんまりプライベートのことを根ほり葉ほり訊かないように。よく知らない（でも、しばらくのあいだは確実にあなたと一緒にいてくれる）女性との【まともなコミュニケーション】というものの練習です。

肩の力を抜いて。だが礼儀正しく。

どうしても緊張しちゃうんだったら、女の子に、そう言ってしまえばいいんです。「僕は自分に自信がなくて、女の子とちゃんと話したことがないんで、今日はその練習にきたんです。練習相手になってください」って。

あなたのキャラでそんなこと頼んだら、確実にキモチワルがられる？　だったら「お見合いの練習相手になってください」って手はどうです？「来週、実家に帰ってお見合いさせられるんだけど、きっと緊張しちゃうから……」とか言って。そのくらいの嘘はつきなさい。

失敗したっていいんです。バーチャル空間なんだし、お金を払ってるんですから。喋ってて気まずくなって彼女が黙っちゃっても、もう何分か経てば別の女の子と替わります。うまく喋れなかったことで、あなたが傷つかなくていい、というわけでもありません。「ああ、オレはいま、彼女と話が合わなかったんだなあ……」と思って、その経験値をつんでください。

そして練習なんだから、いっぺん傷ついたら、すぐに忘れて、落ちこんでないで次の女の子に新たな気持ちで話しかける。もし気まずいままの女の子をなかなか替えてもらえなかったら、お店に「話がはずまないんで、女の子替えてください」と頼みましょう。もちろん、トイレに行くふりするとかして彼女には聞こえないところでボーイさんにこっそり頼むんですよ。そういうデリカシーを持ちましょう。

それと「どんな店が恐くないのか」「どの店に、いいコがいるのか」といった情報を収集するのにキャバクラ慣れしてる友だちに教えてもらったり最初の一回くらい帯同してもらうのはいいことですが、いつまでも一緒に連れてってもらってるのは感心しません。

その友だちが場を盛りあげて一人でモテて、あなたは女の子とまるで喋れない、ということがありえるからです。【あなたの練習】なんですから、慣れたら、なるべく一人で行って、女の子と一対一になりましょう（店がすごく空いてるときだと、あなた一人に女の子が複数つくことがありますが、それはそれで、そういう状況の練習）。

あと、どうせ行くならなるべく早い時間が狙い目です。女の子もくたびれてないし、基本料金が安いから。

時間いっぱい、がんばろう。別れぎわに彼女がメアドや電話番号を教えてくれたら、あなたの勝ち。彼女に勝ったんじゃなくて、あなたは「あなたのキモチワルさ」に勝ったのです。

「男がマグロでいい系」じゃない風俗に行こう。

さて、キャバクラにてコミュニケーションの練習をしたら、つぎは「女の子がエッチなことをしてくれる店」に行きましょう。

ここもまた【練習】の場です。エッチのテクニックの練習などではなく【現実の女の子の肉体と気持ちを相手にして、エッチつきのコミュニケーションをする】練習です。

エッチなお店にでかけるときは、ちゃんと身ぎれいにしていきましょう。これはキャバクラに行くときもそうですが、仕事帰りに行くんだとしても、せめて歯ぐらいみがいてから行ってはどうか。

「エッチなことをしてくれる店」には「エッチなことができるけどセックスはできない店」と「セックスができる店」とがあります。

さらに、「女の子が一方的に触ってくれるから、お客がマグロ状態でいられる（むしろ女の子も「お客マグロ状態」を推奨する、というか触ろうとすると怒られる）店」と「客のほうから女の子に触ってもいいことになってる店」とに分かれます。

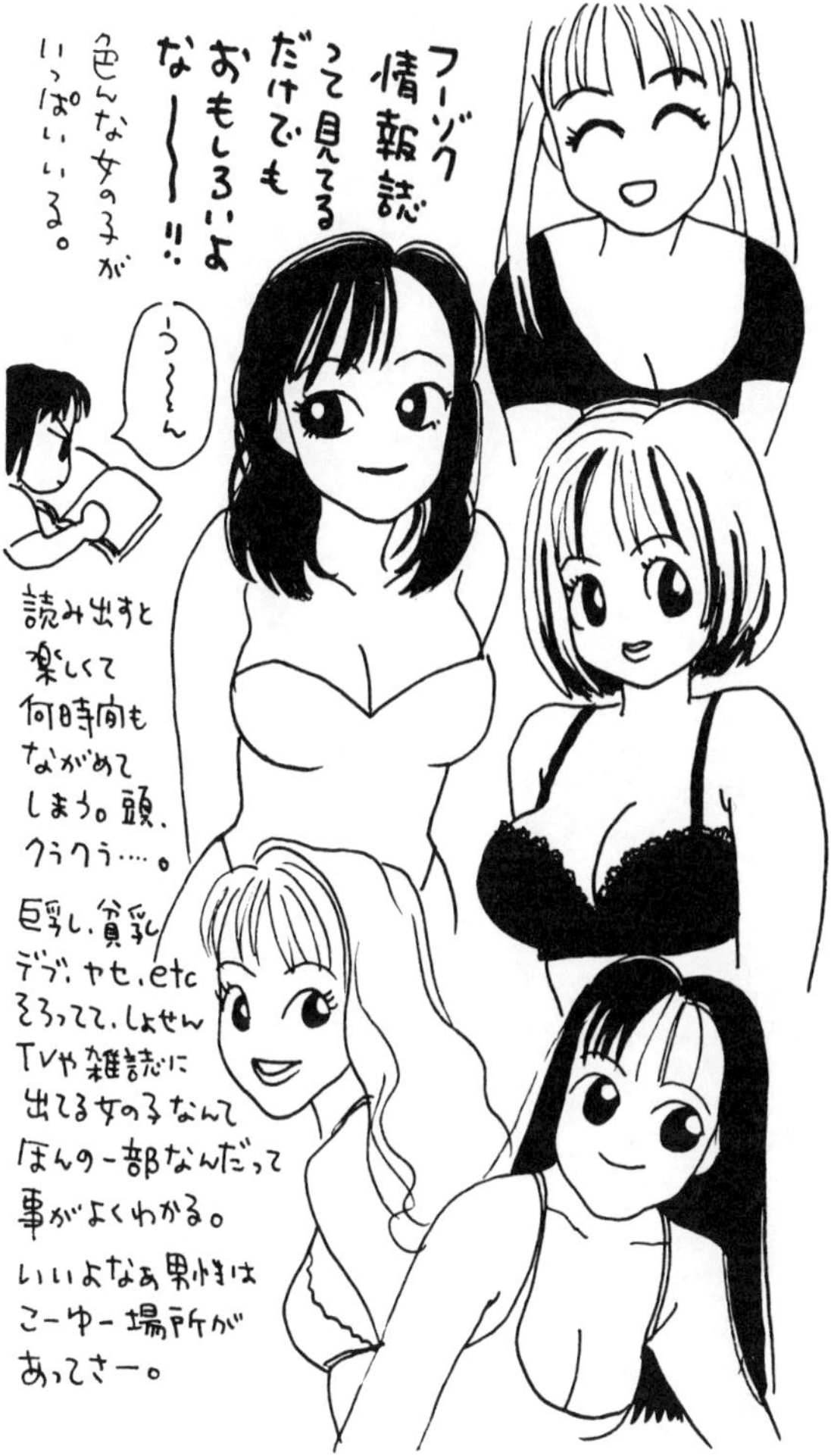
フーゾク情報誌って見てるだけでもおもしろいよな〜〜!!

色んな女の子がいっぱいいる。

う〜〜ん
読み出すと楽しくて何時間もながめてしまう。頭、クラクラ…。

巨乳、貧乳、デブ、ヤセ、etc そろってて、しょせんTVや雑誌に出てる女の子なんてほんの一部なんだって事がよくわかる。

いいよなあ男性はこーゆー場所があってさー。

ソープランドというのは基本的には（ほんとうは法律違反なんだが暗黙の了解において）セックスができるお店で、マグロでいてもいいしマグロでなくともいい、ということになっています。セックスまで含めて練習したければ、行きましょう。ちなみにピンサロやヘルスで無理やりセックスまでしようとすると、女の子が叫んで、とんで来た店の人に、あなたはぶん殴られます。女の子によって「チップを払えばＯＫ」って場合もありますが、あんまり意味がないから、やめときましょう。

モテたいあなたは「女の子に触ってもいいことになってる店」に行きましょう。「男のマグロ状態を推奨する店」は、練習するのがめんどくさい時に行けばいいのです。コミュニケーションできないうちからそういうところに行きつけていると、ますますキモチワルい男になります。

お店に行ったら、さあ、女の子があなたの隣りに寄りそってきました。まずは会話から始めましょう。

キャバクラのときと同じです。「この仕事、長いの？」とか「どこの生まれ？」とかからですよ。エッチなお店でも【じっと黙ってる客】というのはキモチワルい客です。女の子と喋る勇気がないのであれば、まずキャバクラに通って、喋る練習をしっかりしてから、エッチなお店に行きましょう。

ちゃんと会話でコミュニケーションしてから、ただ一方的にエッチなことをしてもらうのではなく、もちろん「触るのも料金のうちだ」とばかりに乱暴にいじくりまわすのでもなく、紳士的に、つきあい始めたばかりの自分の恋人に触るつもりで、優しく触りましょう。エラソーにならないように。下品にならないように。

エッチなお店で働いてる女性には2種類います。【仕事では絶対に感じない（ようにしている）女性】と【キモチワルくない客に上手に触られると感じてしまう女性】です。キモチワルい客であっても体だけ感じてしまう、ということは絶対にありえません。

それで女の子が感じてくれないとしても「あなたがキモチワルかったり下手だったりしたからだ」とはかぎらない。彼女が【お客相手だと絶対感じない人】である可能性も、あるわけです。それに【まったく感じてないのに演技で反応してくれる人】もいるわけですから、そのへん悩み始めるとキリがない。これは、じつは素人の女の子とセックスするときにも言えることなのです。いちいち卑屈になっていては時間の無駄だし、損です。

ただ、たとえば女の子のまんこを指でいじったりするときに、耳元で小声で（なんのための小声か冷静に考えるとよくわかりませんが、でもそれがデリカシーというもの）「痛くない？」

と必ず訊きましょう。

で、彼女が嫌がらなければ、あくまでも優しさをキープしながら続ける。そういう気づかいの練習を、生きた女性の体を使ってさせてもらうために、お金を払うのです。

ちょっとでも痛がられたら、びびらないで、さらに優しく、すこし別のところを触る。

女の子が「お客からは触られたくない人」だった場合は、あなたがどこに触っても体をずらそうとするはずです。彼女は別に、怒ってるわけではない。それが彼女のやりかたなんですから、そういう女の子に当たったんだなーと思って、それに気づいた時点で、触るのをやめればいい。彼女が嫌がってることに気づいていながら延々と触りつづけたら、キモチワルがられるかムッとされるかです。

あなたが話しかけたことで、女性はコミュニケーションしてくれたり、してくれなかったりする。あなたがコミュニケーションしながら触ったことで、女性の体は感じたり、感じなかったりする。

あなたの冗談で、笑った女性と、笑わなかった女性が、いる。

「芸能人の誰それに似てるね」とか言ったら、喜ぶ女性と、不機嫌になる女性がいるでしょう。

「そういうものなんだ。女性というのは、いろいろいるんだ」ということを体感してきていただきたいんです。

嫌われる客。

エッチなお店で【やってはいけない行動・とってはいけない態度】というのが、あります。

ひとつは、金払ってるんだから（そのお店で明確に禁じられてること以外なら）何してもいいんだ、みたいな態度。たとえば、しゃぶってくれてる彼女の頭を押さえつけたりする乱暴。「オレは金を払ってるんだからサービスしろ」という態度でエラソーにするのは大変よくない。というか、そういう人は結局、素人の女の子に対しても同じことをしちゃうんです。「オレの彼女なんだから」とか「女房なんだから」とか。

あと、お説教をする客。昔から言われていることですが、酔っぱらいや不潔な客と並んでお店の女の子が嫌うのが、自分が客でありながら「なんでこんな仕事してるんだ、やめなさい、生き方が不真面目だ」と説教する客です。彼女の境遇を悲しんであげたりすることも。どっちも大きなお世話です。そういうバカなこと口にしちゃいけないのはキャバクラでも同じです。

ネットでお店のホームページを見て、そこに掲載されてた女の子の写真がすごく気にいって、勢い込んで指名したのに、登場した彼女が「イメージどおりのコじゃなかった」といって不機嫌になるのとかもダメです。画像というのは実物よりよくみえるものを使うんです、普通。

風俗の初心者にありがちなのが、女の子に惚れちゃってストーカーまがいな行動をしちゃうこと。彼女があなたとコミュニケーションしてくれたり、あなたの冗談で笑ってくれたり、あなたのエッチに感じてくれたり、店の外の素人の女の子ならしてくれるはずがないようなことをいろいろしてくれたからといって、感激のあまり、その子に恋をしてはいかんです。いや、その瞬間は恋してもいいんですが、お店を出てからも恋しつづけていては絶対イカン！　ということです。

あなたが彼女にどんな幻想を抱いたとしても、彼女からしてみれば、あなたは何百人という数のお客のうちの一人にすぎないんです。

ほら、誰ですか「そんな環境からオレが救いだしてあげる！」とかアホなこと思ってるのは。そういうアホでみじめな心境を卒業するために、この本を読んでるんじゃないんですか？　他人に幻想を押しつけるのは、よしましょう。それは確実に【彼女にとって迷惑なこと】です。ってこれだけクドクド書いても、いるんだろーなー、恋しちゃう奴。読者の中からストーカー犯やレイプ犯で逮捕される人が出ないことを祈るばかりです。

お店の中はバーチャル空間で、練習なんですから。「釣っても、持って帰ってはイケナイ」というルールの釣り場。ルールを守りましょう。

お金を払う、ということが「客だぞ！」とイバるために払うのではないのはもちろんですが、恋をする権利を買えるわけでもない。キャバクラなら「確実に話しかけさせてくれる」、ヘルスとかなら「確実にエッチなことをしてくれる」、だから余計な緊張しなくていいし、もし失敗しても、もう彼女とは二度と会わなくてもいいんだから、あとくされもない」そういう保障のために払うんです。まさに【練習】でしょ。

エッチなテクニックのマニュアル本を読んで「覚えたテクニックを、女の子に試す」とか「女の子をイカせる練習をしに行く」という考え方は、やめましょう。

女の子の性感帯も性格も感情の持ち方も一人ひとりちがうのだから、そんなことをしても、ほとんど意味がないのです。

むしろエッチなお店には「女の子が、どんなことを嫌がるのか」ということを知り、それを「しない」訓練のために行くのだ、と考えてください。

フツーに電話してただけなのに
「フツーに」ってなんやろ?
うーん水色が多いかなーー?
えっ? 黒? 持ってますよ好きです
ん?
はた
と、気付くと実にスムーズにパンツの色を聞き出されていたりする。
みんなもキャバクラで練習してそんな三村ヒトシみたいな男になろう!!
いや、それでモテるのかどーかは知らんが…。

2　どうやって出会うの？

いよいよ素人の女性に向かうわけだが、身近に素人の女性がいないあなたは。

練習は充分、つみましたか？

相手と「同じ土俵に乗れる」ようになりましたか？　そんなこと、まだわかんないよね。

でも、すくなくとも【お店】では、あなたが臆病すぎたりエラソーすぎたりしなければ、そんなにキモチワルがられないものでしょ？　現実の「好きになってもいい女の子」だって、そんなもんです。

というわけで、身近にいる現実の女性と会話する練習&恋する準備はできたわけですが、読者のみなさんの中には「おれの身近に、現実の女性なんて一人もいない！」という人も、いるかもしれない。学校もずっと男子校だった、職場にも「女っ気」が完全に皆無で絶無な人とか。

身近に女性がいない人や、いるんだけど全員から確実にキモチワルがられているので今さら挽回できん！という人や、身近な女性を好きになったらクビになっちゃう職業の人にお薦めなのは、たとえばフェイスブックやミクシィなどソーシャル・ネットワーク・サービス（SNS）を使って【趣味のコミュニティ・サークル】を見つけることです。

そういう「あなたにとって新しい場所」のよいところは、それまでの「あなた」を（ある程度ですが）リセットできて臨《のぞ》める点です。

『臆病を治す』ところで考えた、あなたの好きなこと。あなたのハマりたいこと。心のふるさと。それを接点にして新しい友だちその中でも「女性の知りあい・女性の友だち」を増やしていけないものでしょうか？

ソーシャル・ネットワークのオフ会を狙え。

ネット上だけで語り合ったりするグループではなく、メンバーが顔を合わせて交流できるイベントがしばしば開催され、リアルな出会いにつながるコミュニティ。クローズドなものではなく、定期的に新しいメンバーを募集してるような。

なにかの【勉強会】みたいなのでもいいと思いますが、会費が異常に高すぎるところ（最初は安いけれども次第に高くなってくところ）や、メンバーに何か義務的なことを要求してくるところは怪しいことが多いですから気をつけてね。

ようするに「サークルのオフ会が、狙い目」ということなんですが、注意点が3つあります。

ひとつは【あからさまに出会いを目的にしたサークル】は、やめときましょう。婚活サークルだと全員が「その目的」なわけで、女性たちも最初から男性の容姿や収入やキャラのスペックに注目してきます。あなたは（たぶん）不利です。超多人数による合コンのようなイベントも人気ですが、ああいうのでも結局すでにモテている人がモテています（あたりまえですが）。

趣味でも勉強でもスポーツでもなんでもいいんですが、その本来の目的が「出会い」じゃないサークルがいいです。

ふたつ目。あまりガツガツしすぎないように、ということ。

まずは話の通じる異性を見つけて、でも、すぐに急接近しないで「ふつうにコミュニケーションすること」から始めるのです。

たとえば彼女と、ネットのオンライン（SNS上の書き込み等）でサークルのテーマについての会話が盛り上がったからといって、まだ会っていない相手にいきなり「二人っきりで会いましょう！」とか誘ったりするのは論外です。あせらないでください。

下心はあってもいいのですが、あからさまに相手にも他のメンバーたちにもバレると、キモチワルがられます。第一、あなたはまだ彼女と「同じ土俵に」乗っていません。

ほんとはね、一番いいのは「当初の目的である【モテること、女の子となかよくなること、セックスすること、彼女をつくること】などを、一回、本気で忘れちゃう」くらい、まずは、そのサークルを楽しむことなんです。

そして、みっつ目の注意点。

出会うという目的を忘れてサークルそのものを楽しみながら、あなたの得意分野の話になっても、自分の知識自慢をしすぎない。夢中になって一人で喋りすぎない。彼女にも他のメンバーにも【あなたの心のふるさと】を押しつけすぎない、ということです。

たとえば映画とかアニメとかマンガとかのサークルに参加したとして、あなたは「べつに自分の知識をひけらかしたいわけじゃないけど、いま話してる『これ』は本当に偉大な（またほ、本当にダメな）作品なのだから、彼女だってこのサークルにいるんだから、この作品の偉大さ（またはダメさ）はわかるはずだし、もし知らないなら俺が教えてあげなくちゃ」とか思うかもしれませんが。

あなたが「一方的に喋ること」は、はたして【コミュニケーション】なのでしょうか。

モテるために大切なことは「あなただけが楽しむこと」でもなければ「他の人たちに、あなたのスゴさを見せつけること」でもないのです。

そういう意味では、あなたが参加するサークルは「自分の興味や趣味に、がっつりハマっているサークル」ではなくて【接点があるけど、ちょっと外れてるくらい】の塩梅《あんばい》がいいかもしれません。共通の話題を通じて、女の子とコミュニケーションをかわして関係を深めていくことができます。

自分の我《が》をぶつけにいくのではなくて、新しいことを吸収できるコミュニティを選んでみてはどうでしょうか。あなたが「教わることがある。教わることができる」くらいの。

相手の話を聴く。

いま現在モテていない【あなた】が、モテるためにいちばん大切なのは「相手と対話できるようになる」ということです。

【対話する】って、どういうことなんでしょう？

ただ普通に相手と話すのと（それだけでも相手が女の子だと、むずかしいのに！）どう違うんでしょう？

対話とは、相手の言ってることばを「まずは、聴《き》く。けれど【判断】しない、決めつけない」こと。それから「自分の肚《はら》を見せる」ことです。それはキャバクラでの会話のしかた、風俗でエッチなことをする前にすべき話しかたと、さらに言うとエッチの上手なやりかたとも、同じです。

「対話できる」ということが、つまり「相手と同じ土俵に乗れる」ということなんです。

街でのナンパだとしたら重要なのは「最初の接触で、こちらのペースにまきこむ」ことなんだろうと思われますが、コミュニティ・サークルみたいなところで出会ったのであれば、まずは「彼女が何を考えてる人なのか、どういうふうに感じてる人なのか」を聴《き》きましょう。

「聞く」は単純に耳に入ってくる、「訊《き》く」は質問するという意味ですが、「聴く」とは意志をもって聞く、あなたの脳や心で、ことばや音や音楽をとらえていく、という意味です。

相手に好かれようと思って、うわべだけ聞いてうなずき続けていたり、女の子が話している間に「自分は次に何を話そうか」を考えたりしてたら、あなたは彼女の話を「聴いて」いることにはなりません。

そして「あなたが話を聴いていないこと」は相手に全部、バレます。

さらに大切なのは、「意志をもって聴く」といっても【上から目線で聴いてるのではダメ】だということです。

相手を、あなたの心の中で「決めつけて」は、いけないのです。

たとえば彼女の話から「彼女が何かに悩んでいる」ことがわかったとして、その状況を分析してみたり、それに対するアドバイスをしたりしても、最初は感謝されるかもしれませんが、やがて確実に嫌われます。

それはコミュニケーションではなく「相手をコントロールしようとしていること」だからです。

もし彼女が「ひらきなおって」いたり「いじけて」いたりしていても、あまりそこに対して「良い」とか「悪い」とか判断しないで、お説教をしないで、でも（もちろん）そのことを無視するのでもなく、ただ「聴いている」ことです。

これ、むずかしいですよ、モテてないあなたには。でも肝心なことです。

青木からのアドバイス

（え？ 欲しないって？ ええから聞け!!）

女の子に「お前」って言わない方がいいよ。

上から目線ではなく相手の話を聴く、つまり「相手と同じ土俵に乗る」というのは、「あなた自身が（相手の話を聴いたことによって）変わる」つもりがあって話を聴いてるかどうか、あなたの側に【変化する気が】あるかどうか、ということです。

それは、変化する【勇気が】あるか、ということでもあるでしょう。

モテないあなたが、モテたくてコミュニティ・サークルに参加してるのに、それでもまだ「オレは変わらなくていい」と思っているとしたら、そのことは彼女に自然と伝わります。「モテたくて来てること」が、ではなく「モテたくて来てるのに、変わろうとしないこと、自分が変わるのを恐れていること」が、です。

すると彼女から「この人、いったい何しに、ここに来てるんだろう……、キモチワルい……」と思われてしまうことでしょう。

相手の話を「自分が変わることをおそれず」ちゃんと聴くことができると、それは【コミュニケーション】になっていきます。つまり「謙虚になれた」ということですが、けして「へりくだったり、相手に媚《こ》びたり」ということではありません。

変わることを恐れるなと言っても「相手に影響されろ」「洗脳されろ」ってことじゃないんです。あなたの心のふるさとが変わってしまうわけではないのです。

彼女と出会ったことで、あなたの「心のふるさとのとらえかた」が、もしかしたら変わるかもしれません。でも、それは「恐れるべきこと」ではない。むしろ歓迎すべきことなのです。

人は【心のふるさと】を持っていることで、恐れずに「相手と同じ土俵に乗りやすく」なれます。

心のふるさとを「ちゃんと持ってる」人、自分が「なにを好きなのか」「なにをしたいのか」わかっている人は、それを相手に押しつけなくても、自然と伝わります。

ギラギラしてるとモテません。

モテないのにセックスしたい男性、モテないのに恋愛したい男性の中には「ギラギラしちゃってる人」がいます。「キラキラ」じゃなくて「ギラギラ」ね。そのため、どうも下品に見える。

ギラギラは「スケベそう」「肉食っぽい」というのとはちがいます。肉食っぽいのにギラギラしてない男は「セクシー」とか言われて、けっこうモテたりする。余裕があるからです。

エラソーなのにギラギラしてる男も、臆病なのにギラギラしてる男も、いますよね。イメージできるでしょ？

おそらく本書の読者である「モテない男性」の何割かは、ギラギラしちゃってるためにモテにくくなっていると考えられます。ギラギラしてる男は、ギラギラの対象にされてる女性にとっても周囲にとっても、かなりかんじわるいものです。

同じ「かんじわるさ」でも、エラソーさや下品さ、臆病さは、自分が「その状態である」ことを自覚することで改善されていきます。だから、この本では「まず、自分が【どういうふうにモテないのか】を知ろう」と説いてきました。

しかし「ギラギラしてること」ばかりは、自分でそれがわかっていても、なかなか自分ではどうすることもできない。

ギラギラしてる男を見かけた女性は、その男をさけるか「キモチワルい、そんな目で見ないでよ」と傷つけるか。

「しかたない、減るもんじゃなし、イッパツやらせてやるか」と天使のような決断をしてくれる女性が何人かたてつづけに現れれば彼のギラギラは治っていくでしょうが、そんな幸運はなかなか訪れるものではありません。

どうしたらよいのでしょう？

自己開示して、自分のギラギラに対処する。

自分のギラギラを隠そうとせず、「罪深いことだ、このままだと嫌われる……」などと否定せず（否定して自己嫌悪すると「暗く」なりますよ）ギラギラしてる自分を許して、そして心から「ギラギラしてるオレって、バカだなあー」と思えるようになれるでしょうか。

「肚《はら》を見せる」というのは「相手に対して、みんなに対して、今の自分を開示する」ということです。それは「ただホンネを言う」のとは違います。

あなたは彼女の前で、みんなの前で、なるべく「自分を見せる」のです。

それは、あなたが見せたい自分、かっこつけた自分を「こういう自分だ、こう受け取ってほしい」と押しつけるのではなく、弱いダメな自分を「許してほしい」と押しつけて甘えるのでもなく、そういう自分は「醜《みにく》い……」と自己嫌悪するのでもなく、ただ「自分を見せて」それがどう受け取られるかは「相手にまかせる」のです。

上から目線ではなく相手の話を「ちゃんと聴く」ことができるようになって、さらに「自分を開示」できるようになると、ギラギラしてるあなたは、たぶん「みんなに笑われ」ます。

あなたは、モテてる奴や面白い奴みたいに【みんなを笑わせる】ことは、できないかもしれない。だけど「ギラギラしたまま」みんなと対話できて自己開示できれば、あなたは【みんなに笑われることができる】ようになる。

「あなたのいないところで、こっそり、みんながあなたを笑っている」のでは、ありません。それは「あなたがキモチワルがられている」ということです。「みんなの前で、誰か一人のヤな奴に笑いものにされて、みんなからキモチワルがられたり同情される」のでも、ありません。それは「いじめ」です。どう違うか、わかりますか？

バカな自分を、自分で開示して（わざとらしく「おどける」のではなく「オレのことを解ってよ」と押しつけるのでもなく、ただ開示して）みんなに笑われることで、あなたは、みんなを和《なご》やかにすることができたのです。

そうするとね、驚くべきことが起こります。「みんな」にではなく、「あなた」に起きます。

あなたは「きげんがよくなる」のです。

だまされたと思って、やってみてください。

自分を「守ろう」とすることを、やめてみてください。すると、あなたは「ごきげんに」なる。すると女の子のほうも「この【ちょっとキモいけど、ごきげんな人】と、話してみたい」と思ってくれるようになるんです。

第4章

どうやって「恋愛」するのか。

1　あなたの中の「スーパー戦隊」みたいなもの。

【あなた】はキモチワルくなくなり【いい人】になった。

あなたは自分が【バカか臆病である】ことを知り、自分の【心のふるさと】を持ち、ひとりでいても淋しくない【居場所】を得て、キャバクラや風俗で【現実の女性との接触】を練習し、コミュニティ・サークルで「ちゃんと人の話を聴くこと」と「あなた自身が【変わる】のを恐れないこと」と「自分を押しつけないで、ただ【見せる】こと」ができるようになり、相手と同じ土俵に乗れるようになり、すっかりキモチワルくなくなりました。

女性の知りあいも何人かできた。

それなのに、あなたには、まだ「彼女」ができない。

なぜなんでしょう？

もう、それほどバカでも臆病でもなくなった【あなた】が「女性を口説くこと」ができないのは、あなたが「いい人」になってしまっているからでしょう。

あなたの中にはもちろん性欲も「もっと、なかよくなりたい」という欲望もあるのに、それを目の前の女性にアピールしない。だから彼女は、あなたに恋や性欲がめばえているとは夢にも思わない。

それはあなた自身が、自分のキャラクターを「口説ける男ではない」と決めてしまっているからです。


とつぜんですが、僕が子どものころテレビの中では「ガッチャマン」や「ゴレンジャー」や「コンバトラーＶ」が地球の平和を守ってくれていました。そういう戦隊は、いまでも地球を守ってくれていますよね。

最近のスーパー戦隊は、なんだか全員イケメン俳優が演じていて「みんなそれぞれカッコいい」みたいですが、40年くらい前はカッコいいのは【リーダーである熱血漢】と【ナンバー2の、ニヒルな空気を漂わせたクール・ガイ】くらいで、あとの男性は【めしを食いすぎてバカにしか見えないデブ】と【臆病そうなチビ】でした。

【いい人】であるあなたは、交友関係や職場や、コミュニティ・サークルでの人間関係の中で、必要以上に自分のキャラを「ワキ役」だと決めてしまってはいないでしょうか。もう【バカ】でも【臆病】でもなくなったのに。

たとえば「オレはぶさいくなデブ（あるいは、ちびメガネ）キャラで、熱い男もキザも似合わない。だから女の子を口説いても、きっと失敗する」あるいは「口説く資格が、まだない」と無意識に考えていませんか？　どこかの誰かがあなたにそのキャラをキャスティングしたわけでもないのに……。

そこが、あなたの「いい人」たるゆえんなのかもしれませんし、あなたがかつて「キモチワルい男」だったころの臆病さのなごりなのかもしれません。しかし、あなたがいつまでもそのままだと、いつまでも彼女のほうでは【あなたの存在】に気づきません。

だからといって、あなた自身だけじゃなく彼女も、周囲のみんなも、あなたを「主役ではない」と認識してるのに、とつぜんイケメンぶり始めても困惑されるだけです。あなた自身も恥ずかしいでしょう。ていうか、そこは「恥ずかしい」と思う人のほうが、まともです。恋をしたからといって【自分は特別である】と思うのは、自意識過剰でカッコワルいしキモチワルいと第2章にも書きました。

あなたは、いつもの人間関係の中で、急激に全面的に「主役や二枚目キャラ」になろうとしなくてもいいのです。

あなたの中のいろんなキャラ。

あなたは５人の戦隊ヒーローの中の「誰か一人」ではないんです。「カッコいい一人」でも「カッコわるい一人」でもない。

あなた一人で、スーパー戦隊なんです。あなたの中に５人の（あるいはそれ以上の人数の）キャラがいることをイメージしてみてください。その全員が、あなたです。

彼らのキャラは、てんでバラバラですが目的はひとつです。「地球を守る」ではなく「彼女を作る」あるいは「モテるようになる」ための戦隊です！

どんな５人でもいいし、何人いてもいいのです。あなたの中には５人どころじゃない、さまざまなキャラクターが、かならず住んでいます。

それが【本来のあなた】なのかどうかは知りませんが【彼女のよく知っている、あなた】はどんな人でしょう？　【照れ屋だけど、おどけた】キャラですか？　【おっとりした、ちょっと弱気な男】ですか？　どんなキャラにせよ「そのキャラが彼女を口説く」ということはありえなかったわけですが。

あなたの中の【リーダーの熱血漢】は、なにしろ熱血漢ですから、あなたが彼女に恋をしたのか、それともセックスしたいだけなのか、とにかくその自分の気持ちに正直な、ホットな男です。

ですが、まずは口ではなく行為で「あなたの中のヒーロー」らしくふるまいましょう。気になる彼女のだけではなく、できれば女性たちみんなの重い荷物を持ってあげましょう。

いきなり「いちばん可愛い彼女」の荷物だけを持ってあげる、持ちたがるのは、もちろんキモチワルいですから気をつけましょう。ヒーローは、そういうことはしません。

そして、あなたが自分のギラギラを「みんなに笑われる」ことが「できる」ようになれたら、気になる女性に対して「オレがギラギラしちゃうのは、あなたがオレにとって魅力的だからです！」くらいのことを伝えたって、いいんです。なにしろ熱い男ですから。

ただ、この男がリーダーだからといって、まかせっきりにしておくとギラギラしすぎてしまいますから、そしたらナンバー2と交替です。

この人は、いつものあなたなら絶対しないような【カッコよさ】を、こっそり、彼女の前でだけ演じます。まずは彼女の服や髪型を褒めてあげてください。

同じ土俵に乗れたなと思ったら、キザなプレゼントを贈ったりしてみてください。恥ずかしい「愛のことば」を口にしてみてください。いいんです、あなたじゃなくて「あなたの中のキザでクールな奴」がやってることなんだから。そいつは、そういうことが似合う男なんです。

もし彼女が「ちょっと自分のほうを向いてくれた」と感じられたら、彼女と同じ土俵に乗れたなと思ったら（そういうタイミングで、だいたい二人っきりになれる機会が来ますから。そういう機会がなかなか来ない場合は、まだ「その時」じゃないんです。待ちましょう）、ちゃんと目を見て「好きです、つきあってください」あるいは「やりたいです、させてください」と伝えましょう。この時「熱く」伝えるのか「クールに」伝えるのかの選択をどうするのかについては、また後述します。

そして、いちばん大事なことは（いちばん難しいことでもあるかもしれませんが）、あなたの「つきあってください」「やらせてください」「愛してる」等の申し出に対して「イヤ」とか「だめ」等の答えが返ってきたら、いじけたり、だだをこねたりせずに（逆ギレなんて、もってのほかです）すぐにあきらめましょう、ということです。しつこくしないこと。「いやよいやよも好きのうち……」なんて根拠のない言葉に、すがらずに。

彼女が「あなたのアピールを拒否した」ことは、イコール「あなたのすべてが拒絶された、すべて否定された」ということではないのです。

あなたの中の「その時に出すべきじゃなかったキャラ」が出てしまって、そいつが拒否された、というだけです。だから、必要以上に傷つかないで。

あなたが「なかよくしたい」「つきあいたい」あるいは「やりたい」のが彼女に伝わり、彼女は「それはイヤ」なのがあなたにちゃんと伝わった。「伝わった」ということは、彼女にとって「キモチワルくない」ことなのです。

エラソーにしてたり卑屈にしていたり、無言のままギラギラしてたりするより、はるかに前進です。

他にも、自分の中に「あ、こんなキャラも、いるな」と思ったら、彼女の前に、どんどん登場させていきましょう。

「好きになった女性・気になる女性」という存在を意識することによって、自分という人間が「けっこう、いろんな面を持っているんだ」ということを自覚してみてください。自分の中のキャラたちの「点呼をとってみる」のです。

私が30年近く生きて来て
1番ストレートでダイタンで
おもしろかった
ほめられ(?)言葉。
いやー
私って
男の人に
口説かれた
ことってないん
ですよねー
色気とか
全然ないのかも
セックスアピールっちゅーのんが
そうですかねえ
僕は青木さんに
ぶちこみたい
ですけどねえ!!
そう言ったのは
何を隠そう
この本の著者
二村氏である。
←感心した。
ほほう…
※キケンなのでよい子は絶対マネしないでね。

自分の中の「いろいろなキャラ」を出したり引っ込めたりしてるうちに、熱血漢にせよキザな奴にせよ、彼女にサービスする【あなた】ばかりだと、くたびれてくるでしょう。あなただけじゃなく、彼女もくたびれるんです。

たまには彼女の前に【リラックスする奴】というキャラも登場させましょう。

この人は、なんにもしない人なのですが、もちろん「サボってる」「彼女に無関心」「心ここにあらず」ではない。でも彼女と二人でいるときに、こいつのほうが彼女より先に、無防備に、くつろいでしまう男です。

これは臆病を治したばかりのあなたには、なかなか困難な作業かもしれませんが、無理してでも、くつろぐのです。

あなたが先にリラックスできたら、彼女もリラックスしてくれます。

【食いしん坊のあなた】が、ただ彼女の前でいっぱい食べてても、彼女は「よく食うなぁ……」としか思わないでしょう。でも【キザなあなた】か【熱いあなた】が彼女に好意を伝えた後でなら、彼女は【食いしん坊のあなた】を見て「あ、ご飯を美味しそうに食べる人だな……」と思うかもしれない。

普段のあなたが「いい人」であっても、彼女の前では「キザな奴」を出したっていいんです。そして彼女に見せるのは、あなたの「カッコいい面」だけでなくていい、むしろタイミングを見て「カッコわるい面」も見せちゃったほうがいい。

誰か一人にかたよらず全員を万遍《まんべん》なく登場させましょう。そういうことができる男が、モテるんです。

2　どんな女性を口説くのか。

恋をするなら。

あなたの中の熱血漢が情熱的に口説くのは、あなたの中のキザ野郎が大きな花束を贈るのは、どんな女性なんでしょう？

あなたは、どんな女性が好きですか？

いろんなマニュアル本に、たとえば「あえて美女を狙え」とか書いてありますよね。美人には男はみんな気後《きおく》れするはずだから、その結果、美人には意外と彼氏がいなかったりするものであるとか、美人のほうが苦労しないで育ってるはずだから性格もよいにちがいないとか、ツンツンした美女はツンデレであるからやってしまえばこっちのものだとか、このへんになってくると、だいたい、そのマニュアル本を書いた人のファンタジーですね……。

美人が苦労してないかというと、そんなことはないんじゃないか。

男は想像するしかありませんが、美人には美人の、美人じゃない人には美人じゃない人の、それぞれの「女としての大変さ」があるんだろうなと思います。女性の自意識のこじらせかたは、モテない男としてのあなたのこじらせかたに匹敵するほど重篤《じゅうとく》な場合もあるでしょう。

外見から好きになるのもいいですが、ほんとはね、すなおで性格のいい女性、男から愛されることが上手な女性、つまり自己評価が低くなくて高すぎない自然な女性（こっちが「美人ですね」というと「そんなことありません！」と猛烈に否定する人は、ややヤバいです。それは「謙虚さ」とはちがいます）、そして笑顔がすてきな女性が、おすすめです。そういう女性は美人の中にも、美人じゃない女性の中にも、います。

早い話が「キモチワルくない、さわやかな女」が、いい女。

男性の分類（P39）の「かんじのいいバカ」の女版みたいな人は、好きになって告白して、

「ほめられるのが嫌」と、ゆーわけ
ではなくて、照れてるあまり
「またまた〜ぁ!!」とか
「そんなこと言って!!」とか言っちゃう
ってのも多いと思うんスけど。
かわいいね
えっ いやー そんなことないです!!!
も〜 私なんか ぜんっぜん!!
んーで、はずかしさのあまり
否定とかしすぎて
う〜〜ん。
否定して わざと相手に 「そんなことないよー かわいいってー」って 言わそうとしてる みたいじゃなかったかっ?!
とかって って事まで 考えなきゃ いけなくって 大変だったり とかさっ。
ま、これも相手に好感持ってる場合の話だけどね。

もしあなたがフラれても、フラれた後でもずっと好きでいられて（執着するとか粘着するとかいう意味ではなく）遠くから憧《あこが》れていられると思います。

ただ、僕自身は（ここで僕の女性の好みを語り始めることに何の意味があるのかよくわかりませんが）わりと、めんどうくさい女性が好きです。もともとなんらかのコンプレックスや、臆病さ、かんじわるいバカさを持ってて、それをちゃんと自分で認めて克服した（もしくは、しようとしてる）女性は、喋っていて楽しいです。

自分のキモチワルさと格闘してる女性のほうが、なんか「同志」ってかんじがする。「そういう女のほうが、こっちの克服しきれてないキモチワルさに寛容だろう」って甘えも正直あるんですが、でも、そういう女性みんなが優しいとも限らない。自分も苦しんでるからこそ、こっちにも手厳しかったりする女性もいて、そんな女性はそんな女性で、つきあってると、こっちも身が引き締まる思いがします。

セックスするなら。

あなたが恋愛だの結婚だのをめざす前に、まずは「素人の女とセックスしたいのだ！」

と思っているなら、もちろんセックス好きの女を狙うべきです。なんだか、あたりまえのことを書いているな……。しかし、そんな女性は、どこにいるんでしょう?

あなたのスーパー戦隊の中に、下ネタ好きだけど下品じゃない男、ギラギラしてないけどエロい男を加えておいてください。あなた自身が「エッチな一面もある」ことを開示していければ、そういう女性と出会えます。

ただし、あくまでも「空気は読んで」くださいね。すべらないようにしてください。開示するというのは、押しつけることじゃありませんよ。紳士的に上品に開示してください。

「基本的に、男性的な感性は記号《サイン》に興奮し、女性的な感性は信号《シグナル》に興奮する」と言われています。誰が言ったのかというと僕の友人の田北鑑生さん（とり・みきさんの描くマンガに、ハタキを持った目つきの悪いキャラとしてよく登場する人）が言いました。

【記号】というのは、たとえば「巨乳」とか「さらさらの黒髪」とか「女子高生の制服のミニスカート」とか「女子高生という存在」とか、そういうことです。男性的な感性は「自分とは縁もゆかりもない相手の身体にも興奮できる」ということです。その【記号の持ち主】が自分のほうを向いているかどうかは、あまり関係ありません。

【信号】というのは「その人に向けられて、あらわされている記号」ということです。ひじょうに下品ですがわかりやすい例でいうと（下品はダメよと述べてきましたが、ここではわかりやすさを採りたいと思います）女性的な感性は「知らない男の、自分とは関係ない方向を向いてただ勃起してるだけのちんちん」を見てもあまり興奮しません。「自分のほうを向いて勃起しているちんちん」「【私】に興奮している相手」に興奮するのです。いや「自分のほうを向いて勃起している」といっても露出狂のちんちんを見ても興奮しないでしょうし、知りあいであっても「好きじゃない男性」の勃起にも興奮しないでしょう。女性的感性というのは【好意を持ってる相手から、自分に向けられてあらわされた信号】を好むのです。

つまりですね、巨乳の女性と知りあいになれたからといって「僕は巨乳を好むんです！」とか「でかい胸ですね！」などと、いきなり言ってはダメなのです。それは「開示」ではありません、「押しつけ」です。そんなマヌケなことはオレはしないよ、と思ったあなた。酔っぱらって男同士で盛り上がって、女性たちにも聞こえているところで大きな声で「俺は巨乳を好むんだ！」とか言ってませんか？　本当にスケベな紳士は、そういうことをしません。

普段から紳士的にふるまい、しかも「下ネタもOKで気さく」というキャラも装備し、その上で女性たちを、よく観察しましょう。ジロジロと見てはダメですが、注意深くアンテナを張っていると「あなたと同じ土俵に乗ってもいい」と思ってくれてる女性の存在に気づけます。

二人きりになれたときに「巨乳が好きなんだ」なんて言わないで、「あなたの、胸に触ってみたいんです」と、ささやきましょう。

自分の【セックス好き】を認めている女性とのセックスは、楽しいです。やってる最中、なんて言うんですかね、「おたがいさま」ってかんじでしょうか、相手のツボのさぐりあい、みたいになって、それがもうムチャクチャ楽しいわけです。こういうのは「セックス好き同士の幸せな出会い」と呼びたいところです。

でも「自分がセックス好きであることを自覚してない、それを開示してくれてない」のに恥ずかしがり屋でもなく、それなのに、なんだかすぐにやらせてくれちゃう女性というのは（世の中には、けっこういます）最初は「出会えてラッキー♪」と思うでしょうが、やってるうちに、だんだん楽しくなくなってきます。そういう女性はセックス中に過剰に「ひとりよがり」または「ぜんぜん無反応」で、こっちを見ていない感じがするんです。

彼女たちは「セックスが好き」なんじゃなくて「セックス依存」なんでしょう。

恋愛関係じゃなくて「ただ、やるだけ」だとしても「セックスというのは【コミュニケーション】じゃないとエロくない」と僕は考えます。

でも、セックス依存っぽい女性とセックスしてしまったからといって、彼女に「きみのセックスは依存だ。こんなことは、やめなさい」とお説教するのは、やめましょう。そんなことは本当に大きなお世話です。

オナニーをする女性。

オナニーする習慣がない女性は、わりと「つまらんセックス」をすると思うんだけど偏見かな……。しかし本当はするのに、してることをヒタかくす女性というのも、つまらん。訊いてもいないのに「あたしクリトリス派なのよねー」などと大声で真顔で主張する女性は、つまんなくはないけどエラソーですよね。

てことは「オナニーしますか?」って訊くと、すこし恥ずかしそうに、または照れながらもキッパリと「するわ」なんて答えてくれる女性が僕にとっての【いい女】ってことですが、すみません、また意味もなく僕の女性の好みを語り始めてしまいました。しかしオナニーするかしないかって訊いても、こっちの訊きかたが下品だったためシラケてて答え

今まで特に言う機会がなかったのですがせっかくなので言っておきますが
オナニーする女の子(人)っていいよなあ!!

「絵としていい」というわけでなく「存在としていい」の。

だから自分のマンガの中の女の子はたいてい「オナニーをする子」という設定で描いてます。

さて、現実はどーかと言うと、女同士ってオナニーの話ってほとんどしないのでリサーチ不足です。これを読んだ青木の知人の女達よ、さしつかえなければするかしないか教えて下さい。

…って何のためにか!!

てくれないって場合もありえますから、ああ、下ネタは、むずかしいです。

下品じゃない下ネタが自在に操れる男になりたいものです。卑屈ではない下ネタで、美しい女性とスムーズに楽しくやりとりをして、そのためには、こっちの目がギラギラしてちゃダメで、でも「彼女のオナニーの話」が聴けた時には、こっそりチンコだけは勃っていて、彼女もそのことになんとなく気づいて、彼女は頬を赤らめて、だんだん目が泳いできて……、というのが僕のマイ・フェイバリットなファンタジーというか理想の「口説きの状態」ですが、そんな話は、どうでもいいですね。

ときどき「女がオナニーするのは、けしからん」「そんなことをしてるなんて夢にも思わなかった」「できれば、しないでいただきたい」と思ってる男性がいますが、あなたはどうですか？

僕はAV監督ですから、撮影の前の面接・打ち合わせで女優さんに「オナニーは、しますか？　するなら、どんなこと考えながら？」と訊きます。その女優さんの「欲望のかたち」を、おおげさに言えば彼女の【セックスにおける心のふるさと】を知っておくためです。とか言うとエラソーですね。すみません、ただスケベなだけです。

もし、あなたが「なるべくなら女の人はオナニーしないほうがいい」と考えているとしたら、それは「彼女は自分の性感帯や欲望を、男性との行為を通じてしか把握できない」

ということです。

また、もしあなたが「女は処女にかぎる！」と考えているとしたら、それは「彼女の性感帯やオーガズムを、あなたが一人で開拓していかなければならない」ということです。

僕は、そういうの、わりとめんどくさいんですよね。

それよりもセックスしながら女性から「どんなオナニーが気持ちいいのか」「どんなセックスが好きなのか」聴けるほうが楽しいと思うんです。それを参考にして、高めていけますし。ただし、あんまりしつこく訊いたり「昔の男と、どんなセックスしてたんだい？」などと訊くと、ドン引きされます。

3　アブノーマルなセックスについて。

変態は、どうだ？

ところで、また変なことを訊きますけど、この本を読まなければならないほど「恋愛やセックスで、満たされぬ思いを抱えていた」あなたは、なぜ、いっそ変態になっちゃわなかったのですか？

「そんなこと考えてもみなかった」ですか？

それとも、じつは興味なくもないんだけど、それは「あなたのファンタジーの世界」のできごとであって「現実の女の子を相手に、モテるとかモテないとか恋愛とか交際とかいうときには考えたくない、むしろ封印しとくべきこと」ですか？「それこそ普通の女の子は、変態なんてキモチワルがるだろう」と思う？

それともあなたは、すでに変態行為を風俗店などで実践していて楽しんでるけど、それでも心には満たされぬものがあり「普通の女の子と、普通の恋愛がしたい」と思うようになって、この本を読んでいるのでしょうか？


この本でいう「キモチワルい」か「キモチワルくない」か、つまり「相手と同じ土俵に乗れるかどうか」という話であれば、すくなくとも「私は変態ですが、あなたに迷惑はかけません」と開示できる【卑屈でもエラソーでもない変態さん】は、けしてキモチワルくありません。

「ちゃんとしたオタク」と「キモチワルいオタク」がいるように、「モテてる普通の男」と「キモチワルい普通の男」がいるように、「ちゃんとした変態」と「キモチワルい変態」

がいるのです。

ストーカーや痴漢、レイプ趣味といった、他人に迷惑な変態に移行してしまった「普通の、モテない男」がキモチワルいのは、これらが「変態」というよりは「相手を支配したいという欲求を、こじらせてしまった状態」だからです。

ロリコンやショタコン、相手を殺害しないと満足できない人なども、その欲望の対象と「同じ土俵に乗る」ことができません。だから痴漢やレイプと同じで、犯罪です。

あなたが根っから「実行すると逮捕されてしまう変態行為でしか興奮できない人」だったら、さいわいなことに現代はＡＶでもマンガでも小説でも、フィクションとして作られた「やってはいけない変態」が手に入ります。……と15年前に書いたのですが、ロリコンに関しては、だんだん手に入らないような時勢になってきましたね。

イメクラでは現実の女性が（あくまでも演技ですが）あなたの「現実世界で実行したら逮捕される欲望」の相手をしてくれる場合もあります。

今まで自分をいつわって、そ知らぬふりをしていた変態たちが（すくなくともセックスの場では）正直に趣味を表現できる世の中になったというのもあるでしょうが。恋やセックスに関してなんとなく悲しい気持ち・満たされない思いをしていた人々が「いっそ『自分は変態だ』ということにしてしまえば楽に生きられることに気づいてしまった」から、世間の変態人口は増えてきているのかもしれません。

自分は何が好きなのかよく知ってる、という意味でオタクには【心のふるさと】がある。それと同じように「セックスの場面では、確固とした自分を正直に表現できる」という意味で、変態たちは強いのでしょう。

その特殊な性癖でしか興奮しない人で、でも謙虚に「この相手なら私の特殊性を受け入れてくれる、同じ土俵に乗って楽しんでくれる」といえるパートナーを求める人は、やりたいことが変わっているだけで、他人に対する感覚というか礼儀正しさは【普通の人】となんら変わるところはないのです。

自分の中の変態性を認めて【変態としての心のふるさと】を得られれば、そこで「かんじのいい変態女性」と出会うこともできるかもしれないし、同じ土俵に乗れて、恋がめばえるかもしれません。

でもそれもノーマルな「趣味」と同じことで、同じタイプの変態・組みあわせのいい変態だからといって「すぐに同じ土俵に乗れる」ってわけじゃない。まずは【対話】をしな

男の※ショタコンのための
雑誌を見たことがありますが

要するにこーゆーのが載ってる。

> 私達のシュミは実行に移すと犯罪です。
> この本を読んでガマンしましょう。
> 大切な少年達を守りましょう。

みたいな読者への呼びかけがあってちょっと感動をよびました。確かに。

とにかくムリヤリは良くない。なんでもね。

※半ズボン時代の少年コンプレックス。
ひとひねりもふたひねりもしてて大変そうだなあ……。
ちなみに「ショタ」とはアニメ鉄人28号の主人公
正太郎くんから来ているのである。とか説明したものの
女にモテたいためにこの本を読んでいるみなさんにとっては
最も遠いし、最もつーか別に知りたくないことか。すまん

くちゃ。

あなたが、まだ「同じ土俵に乗ってない女性」を好きになりすぎてしまって【恋】をぶつけることのほうが、変態行為そのものよりもよっぽどキモチワルいことなのです。

つまり、「変態である」ということにすら、へんな幻想は持っちゃいけないってことです。謙虚でなきゃいけないってことです。

ということは、「変態になれば今よりマシかも」と甘く考えて、無理して、べつになりたくもない変態になってみるのも損、ということです。

「自分がほんとうは何がしたいのか」をちゃんとわかっていない、ということほど残念なことはありません。

むしろ「自分って、もしかして変態行為もできるかも」って思っても、「でもホントかな……」って、ちゃんと考えてください。いや、自分の責任において実地で試してみて、自分のカラダに訊いてみるのは、大いにけっこうですよ。

べつに「モテない男は、変態になれば道が拓《ひら》けるよ！」などとは、勧めません。まずマジメに考えて、ちゃんと検討しましょう。試してみて「ちがう」と感じたら撤退しましょう。

あなたが変態になってモテたとしたら、それは「変態であることを自分でも認めて、開示できたこと」で明るくなって、謙虚にもなったからです。

と、ここまで読んで「やっぱり変態は、オレとはカンケーねーや」と思われた方にも、ひとつだけ（マジで）考えてほしいことがあるんです。

将来、ナマミの女性に声をかける自信がついたあなたが、すごく美しい、あなた好みの完璧な外見を持つ、しかも性格のいい女性に恋をしました。そして声をかけました。二人は交際することになりました。しばらくしたら彼女はあなたに「ごめん。あたし変態なの」と言いました。たとえば「あなたに、あたしのウンコ食べてほしいの」と。

まんざら、ありえない話じゃないですよ。

あなたはどうしますか？

彼女と同じ土俵に乗りますか？　それ以外はあなたにとって完璧な女性なんですよ。

「ううむ。……食べるのだけはゴメンだ」ですか？

そしたら、その彼女に、たとえば「だったらせめて、あたしに、あなたのウンコ食べさせて」って言われたら？

4　あなたの中の、女の子。

モモレンジャーを意識する。

もう一度「あなたの中の、いろんなキャラ」の話に戻りたいと思います。

スーパー戦隊といえば、その中にはモモレンジャーが一人、まじっているものです。最近の戦隊だと5人中2人が女性で、キレンジャーがデブではなく、ボーイッシュな女の子である場合もありますが。あれは、すばらしい「新発明」だと思います。

あなたの中にも、女の子は、います。

あなたにホモっ気があるかないかとか、そういう話ではない。それどころか、あなたが男っぽい男であればあるほど、とても女っぽい性質の女性が一人、あなたの中に住んでいると思われます。

あなたはオナニーをすることがあると思いますが、そのときにAVもエロ本も過去のできごとの思い出も使わないとしたら、頭の中には誰が登場しますか？

それがあなたの中の【女】です。好きな女性タレントとか、つきあい始めたけどまだセックスしてない現実の彼女とかの姿で登場してくるんだとしても、その女性は、あなたとまだセックスしてないんでしょ？　オナニー中、あなたの頭の中の彼女は、よがったり、あなたを愛撫してくれたり、いろいろミダラなことをしてくれると思うんですが、そのミダラっぷりは「あなたが頭の中で作ったミダラさ」じゃないですか。てことは、あなたの中の【女】のキャラ、戦隊の女性メンバー、ゴレンジャーでいえばモモレンジャーが、その彼女の役を演じているんです。

そして、このモモレンジャーが、あなたの中の戦隊の、陰の、真のリーダーであるべきなんです。たとえば好きになった彼女を攻略するために「次に誰を出すか。熱血でいくかクールでいくか」というメンバーのローテーションは、この【女性メンバー】に考えてもらうべきなんです。

あなたが、ある女性を好きになったとしたら、その「彼女」と「あなたの中の【女】」は、似ているところがあるはずなんです。

ぴったりと重なったら、それは「理想の女性が、現実に現れた」てことになります。

さっき「男っぽい男ほど、心の中に女っぽい【女】がいる」と表現しましたが、つまり「あなたが硬派な男である」ってことは「あなたの中には【強力で、でっかい女】が一人、でーんとひかえてる」ということです。

男は【自分の中の女】と似たところのある女性を好きになるんです。女性の心の中にも、もちろん【男】がいます。

「あなたが、好きな彼女を攻略すべく集団ヒーローの各メンバーをいろいろ出したりひっこめたりするときの、司令塔はモモレンジャーであるべきだ」と言いました。つまり相手の女性がいま何を考えてるか、何を感じてるかは、自分の中の【女】に探らせ、判断させ、作戦を練らせるのがいいのです。

女心は女にしか、わからないんだし、そもそも「二人は似ている」のですから。

あなたの中の【女】の性格を理解しよう。

ところで【あなたの中の女】は【いい女】ですか？

「そりゃそうだろう」と、思いますか？「だってオレが恋した女性と【オレの中の女】は、似てるんだろう？　だったら【オレの中の女】は、オレにとっては【いい女】に決まってるじゃん」と。

そりゃまあ、そうです。では質問を変えます。あなたの中の【女】は【性格いい女】ですか？

あなたの中の【女】が「ろくでもない女」で、しかもあなたの心の中で強い力をもっていて、そしてあなたが女性から恋されてしまうような【いい男】だったら、せっかくあなたに恋してくれる女性たちを、次々と「あんな女ダメ、こんな女ダメ」と、どんどん捨てることを命じるかもしれない。家来の首を刎《は》ねるのが趣味の女王様みたいなものですね。

あるいは「なぜか毎回、性格の悪い女にばかり恋してしまう男性」というのも、います。それで本人が毎回つらそうにしてると、あー、あの人は人柄はいいのに、心の中に【たちの悪い女】に住みつかれていて、さだめし集団ヒーローのほかのメンバーと【女メンバー】とがケンカばかりしてるんだろうな……、などと想像してしまいます。

また「あなたが惚れた女性と、あなたの【女】は、似たところがある」からといって「似た者同士で仲がいい」とは、かぎらない。

人の心というのは不思議というか厄介なもので「あなたがどんなに彼女を好きでも【あなたの中の女】は彼女のことを憎んでしまう」ということがあります。

あまのじゃくな【女】とか、すごいバカな【女】とかに住みつかれている男性は、恋愛関係で苦労がたえません。本人は頭がよくて仕事とかよくできるのに【心の中の女】がすっごいバカ、ていう男性は、わりと、よくいるんじゃないでしょうか？

【あなたの中の女】と、あなたのお母さんとの関係。

あなたの中の【女】というのは、あなたと一緒に生まれて、あなたとともに育ってきたわけですが、あなたの中の【女】は必ずあなたのお母さん（もしくはあなたを育ててくれた女性）の影響をうけます。

といっても普通は【あなたの中の女】と【あなたのお母さん】は、【あなた】と【あなたのお父さん】が似る程度にしか似ないわけですが、影響をバッチリうけちゃって【お母さん】と【自分の中の女】がそっくりな男は、マザコンと呼ばれるわけですね。

あなたが好きになって、つきあいだした女性を無自覚に傷つけてしまうことがあるとしたら、その影には【あなたの中の女】の元になっている、あなたの母親が隠れているかもしれません。あなたの【心の中の女】が、あなたの【心の中の男の部分】つまり戦隊の他のメンバーを甘やかすことで、男としてのあなたを通して「つきあっている現実の彼女」を傷つけてしまうのです。

それでも、あなたが男性である以上、現実に出会う彼女の「気持ちを知る手がかり」は、あなたの中の【女】だけが握ってるのです。

傷つけてしまう可能性であると同時に、彼女と「なかなおり」できる可能性も【あなたの中の女の部分】なのです。

「恋愛をする」ということは「彼女と【あなたの中の女】との関係」だけの問題ではありません。「あなたと【彼女の中の男】との関係」の問題でもあります。

あなたと【彼女の中の男】が似ていて【あなたの中の女】と彼女も似ている、ということでなければ恋愛は成立しません。

いくらあなたのほうで「【オレの中の女】と彼女はソックリだ！」と一方的に確信していても、【彼女の中の男】があなたとは似ても似つかぬ男であったら、彼女の中ではなにも始まりません。

しかし【彼女の中の男】というのは、彼女の心の中だけに存在してるのです。ですから「どんな男が好みなの？」とか訊いて、それに自分を無理にあわせていく、などというやりかたは、やめておいたほうがいいです。悲しいけど時間のムダです。


「男は、女に恋するのではない。女の肉体を通して【自分の中の女】に恋しているのだ」と言った人がいます。女性にフラれて死にたくなったとき、恋するあまりストーカー行為に及びたくなった時には、「あの人はオレの中の女に似てるだけの人。そんなもんのために死んだりタイホされたりしては、つまらん」と思ってみてください。


女心のわかる男がモテる男だ、などと言いますが。「女ってのは、こういうとき、こういうふうに考え、こう行動する生き物だ」なんてデータをいくら収集しても、あまり意味はありません。

何度もくりかえしますが女性はナマモノで、一人ひとり、ちがうのです。それよりも、自分自身を「知る」ために【自分の中の女】となかよくしましょう。

「自分の中の【女】が、どんな女なのか」を理解してあげましょう。

【自分の中の女】がキモチワルい女だったりすると、あなたのほうから好きになった女性に思いをちゃんと伝えられなかったり、最悪の場合は、自分でもキモチワルいなあと思う女をなぜか好きになってしまったりしてロクなことがありませんから、性格を治しましょう。

【女】はあなたの心の一部なのですから（あなた自身のキモチワルさを治すことができたように）【あなたの中の女】のキモチワルさも、あなたが治すことができるはずです。

【自分の中の女】の悪い性格は、どうやって治せばいいのか。

生きている「いろんな人」とたくさん関わって、たくさん【対話】をして（傷つけあうことも多くあるでしょうが、その上で）なるべく人に優しくすることです。

【自分の中の女】が「すなおな性格」になってくると、現実の女性の「いいところ」が、顔やスタイルだけじゃなくて、たくさん見えるようになってきます。

よく「相手の気もちになれ」ということを言う人がいます。そりゃそうなんですけど、僕は「話は、そう単純じゃないだろ」と思うのです。

あなたが現実で出会って、コミュニケーションしたりセックスしたり恋愛したりする相手は、他人です。あなたとは別の人間です。どんなに愛しあえても、結婚して50年一緒に暮らしても、死ぬときは別々です。厳密な意味で完全に「相手の気もちになる」ことは人間には不可能だと僕は思います。

ただ「相手の身になって考える」ということなら、ありえます。「私には、あの人の心の中はわからないけれど、もし私があの人の立場だったら、私はどう感じ、なにを考え、どう行動するだろう？」と考える、ということです。

どうしたって他人である二人が「いちばん近くに寄れる」のは、せめて「おたがい、相手の身になって考える」ことじゃないでしょうか。

そして【自分の中の女】の存在を自覚しないと、異性である相手の「身になって考える」のは、たいへん難しいことです。


ですから【自分の中の女】が「どういう女なのか」を、よく知ってください。

そして彼女が「いい女」だったら（もしくは「いい女」になれたら）あなたの心の中での彼女の力を「強く」してあげてください。

それがつまり「女心がわかる男になる」ということです。自分が「好きだ」と思った女性に対して、すなおに「彼女の身になって」考えやすくなる、ということです。そういう男がモテます。

たとえば。

彼女が、あなたが見たことない服を着てたら、新しい髪型をしてたら、褒《ほ》める。アオレンジャーが寝てたらモモレンジャーが蹴っとばして起こして、とにかく褒めさせる。

たとえば。

これは交際とか肉体関係とかが始まってからのことなんですが、あなたと彼女とが初めて一緒に泊まった。彼女は初めて、あなたの前で、メイクをおとしてスッピンになった。または、補正下着をぜんぶ脱いだ。

それを見て【あなたの心の中の男たち】がいっせいに「ウッ」という気分になったとします。彼女のことを愛してはいても、つい「ウッ」となっちゃったりするのが男です。そんなとき【あなたの中の女】が強い女だったら「あんたたち、そんな顔するもんじゃないの！」と【あなたの中の男たち】を、たしなめます。

すると、現実のあなたは、現実の彼女の前で「ウッ」という顔をしなくてすみます。そういう男が、モテます。

たとえば。

あなたが、いつの日か【まあまあモテる男】になれたら、必ずコンドームを普段から携帯するようにしてください。そしてセックスをする機会があったら、【二人で「一緒に子ども作ろう」という話がちゃんとついてる相手】じゃないかぎりは、ちんこを挿入する最初から、かならずコンドームをつけるようにしてください。

彼女から「つけて」と要求されなくとも。かならず。

そういう男が、ますますモテます。

ホラホラ 行くわよ!! あんた達!!
ちゃんと聞いてんの!?
うん。モモレンジャーにはこーであってほしいよ。本当に。
男性タレントで女性に人気のある人って「モモレンジャーが強そう」な妄想を抱かせる人なんじゃないかと思うよ。どお?

【最初のピンクの表紙の本のあとがき】

「人生の、すべてはモテるためである」と、シナリオライターで劇作家の門肇さん(http://kadohaji.cocolog-nifty.com/about.html)が、お酒を飲んでた時に突然叫んだ。感心したし同感したのでタイトルに使わせていただきました。

そう言えば、朝起きて、目ヤニなどついたままではとてもじゃないがモテないから、しかたなく顔を洗う。歯などは「歯がツルツルピカピカ白くなる」という宣伝のハミガキで磨くのだ。安いハミガキより高い、かなり高い、しかしそのくらいの出費でモテるなら安いものさ、と言える程度の高さである。メシを食うのもモテるためである。腹が減っていては女を口説く元気が出ぬ、また腹が減っていては働けぬ、働かないでいると貧乏になっちゃってモテなくなるから、やむをえずメシを食うのである。食うけれど、太るとモテにくくなるから食いすぎぬよう気をつける。健康そうなほうがモテるらしい。栄養にも気を配り、うでたてふせ等もする。だがヒョロヒョロした男子を好む女性も多いらしい。服を着る。冬に服を着るのは寒いからであるが、夏だというのに服を着たり、冬でも色合わせなど一応考えて着る服を選んだりするのは、やはりモテたいためである。すこしでもモテたい。

もしかして「まったくモテる必要がない」と割り切ることさえできたなら、人間の日々のいとなみの、そうねえ、7割ぐらいは省略しても、生きていくには一向にさしつかえないんじゃないだろうか？

みんなでいっせいに、モテるための努力いっさいをピタッとやめてみたらどうなるか。あるいは、一年に一度くらい安息日を設けてはどうか。その日一日は法律で「モテようとすること」を厳しく禁ず。モテようとしたら懲役。悪質な奴は死刑。どんな日になるだろう？

ところで話をむしかえすようだが、モテている男とは誰のことか？

たしかに「オレの知人で、オレよりモテてる男」はいくらでもいる。だがそんな彼らにはたして「オレ今まさにモテてるぞ」との自覚は、あるのだろうか。自分のモテかたを「ふつう」と思っており、彼にそれ以上の欲望がある場合は、我々と同じように「もっとモテたいなー」などと思っているのでは。そして努力してモテてる男たちは、つねに「もっとモテたくて」そうしているのであるから、どんなにモテても「もうモテきった」とは思わないのではなかろうか。とすると、この世で「ふむ、オレは充分モテている」と思ってる男は、たとえばホスト、女性がたくさんいる職場の責任者など「モテることで業務上なんらかの利益を得ている男たち、純粋にモテたくてモテをめざしてるんじゃない男たち」か、さもなくば「よっぽど性欲の薄い男たち」なのかも。なんか、そんな立場には、あんまり憧れないなー。

女性と接するときに自分の心の中のいろんなキャラクターを、なかでも女性キャラを意識しましょうというのは、筒井康隆さんの短篇小説『欠陥バスの突撃』から着想しました。

門さん、青木光恵さん、そもそも二村に本を書かせることを思いついてくれて最初の出版社の編集者に会わせてくれた居合抜き夢想神伝流五段の時代小説作家・牧秀彦さん（http://www.maki-hidehiko.com）、しめきり破りまくって破りつくしたにもかかわらず何も言わず内容についても何も言わずにいてくれたＫＫロングセラーズ（当時）の渡部さん、ありがとうございました。縁があって二村のふるまいで不快な思いをさせた女性のみなさん、ごめんなさい、ありがとうございました。

本書でエラソーにたれまくった説教の数々はすべて現在のオレ自身へ向けられた説教であり自戒であり、そんなことを出版してしまう厚顔さもまたキモチワルいことだと恐縮しながら著者は本書を自分で何度も読みかえす。

料理の作りかたの本をたくさん書いたある小説家が「台所に出しっぱなしにされてシチューの汁などで汚れてしまう料理本こそ、よい料理本である」という意味のことを書いていた。この本はエロ本ではなくモテ本であるから性的な汁で汚れることは少ないだろうが、しかしぜひ枕元とかに出しっぱなしにしておいて「明日はデート！」って夜や「キャバクラに行きたいけど給料日前だからガマン！」って夜や「わははフラれちゃったぜ」って夜などに読みかえしボロボロになるまで読みこんだりしていただきたい。あと「明日はオレの結婚式だ」って夜とかね。モテる男への道は一生続くのだ。死ぬまでだ。ひー。

1998年4月17日　著者しるす

解説

上野千鶴子

この本の解説を、アガリかけたオバサンであるウエノチズコが書くって、どーゆーこと？　オレはモテたいとは思ってるけど、あのウエノチズコにじゃねーよ、と思ってるあなた。そりゃあ、ご不審はもっともです。

それはこんなふうに始まった。

＊

あたしの研究室にはいろんな学生が出入りしていて、しかも他学科、他大学の学生の方が、あたしに遠慮がない。それってあたしと利害関係がないんだから当然だね。そんな中のひとり、人類学やってる男がふらりと研究室にやってきて、「これ、おもしろいっすよ」と置いていったのが、この本です。

あたしには各分野にインフォーマント（情報提供者）がいて、あたしのために情報をスクリーニング（よりわけ）してくれる、少女マンガならこの人、映画ならこの人、ＰＣ関連機器ならあの人、ってね。情報グルメになるためには、あびるほど大量の情報を消費して、そのなかからカスとカスじゃないものとをよりわけなければならないのですが――だからこそ、グルメ（美食家）はグルマン（大食家）でなければならないのだっ――あたしには少女マンガを月に３００冊読んでるヒマも、月に映画を40本見てるヒマもない。そこで情報通のお友だちの登場です。「これ読むといいよ」「あれ見とくといいよ」と言ってくれる信頼できる情報源があると、「ンなら見ようか」ってな気分になる、で、あたしんとこには精選された情報だけが入ってくるってわけです。

でも、ほんとにその道の「通（コノスゥア）」になりたかったら、これは邪道。舌を肥やすためには、いいもんだけを食べていればよい、っていうけど、何がおいしいもんかを知るためには、そうじゃないもんも食べてみて「ちがいがわかる」ことが大事。セックスだってどぶに捨てるようなセックスやってみたら、あーあ、もったいないことしちゃった、って思うから。やっぱ、数こなすことと、オン・ザ・ジョブ（現場での訓練）って、大事ね。あ、脇道にそれちゃった。

で、この本とあたしの出会いがありました。さもなければ、『すべてはモテるためである』というタイトルと、どぎついピンクの表紙、二村ヒトシという聞いたことのない著者……の本と、出会うことはなかったでしょう。

その若き人類学徒は、いまどきの若者にはめずらしく「濃い」ヤツで、そいつと『すべてはモテるためである』というタイトルとを結びつけると、そっか、こいつも性欲にハンモンしているのであるな、しかもそれをあからさまに他人に知られたくないのであるな、というのがわかるのであります。で、誰かの推薦した本を読む、というのは、その実、その本が推薦に値するという理由からではなくて、それを推薦したヤツがどんなヤツか、理解するために読むのです。だって、万人向けの「良書」なんて、ないもん。さっき言ったことと矛盾してるけどね。『聖書』だって、読む人によっては、タダの妄想患者のごたくにしか聞こえないでしょう。

というわけで、かるぅーい気持ちで手にとって読み始めたら、お、おもしろいじゃないか、とすっかりはまってしまい、あっというまに最後まで読み通してしまいました。あたしにしちゃあ、めったにあることじゃ、ござんせん。職業的に本をつまみ食いする習性ができちゃってるから、表表紙から裏表紙まで、通しで本を読む快楽なんて、かえってめったに味わえなくなった、かわいそーな本の娼婦でござんすよ。

　それからというもの、ほうぼうで「ね、ね、知ってる？　二村ヒトシの『すべてはモテるためである』っていう本。おもしろいわよー」と言いふらして歩いたのが、編集者の耳に入った、ということのようです。

＊

　思えばこの本は、不幸な運命の星のもとにあります。「モテ本」の系列に入っているかぎり、読者とミスマッチを起こすでしょう。だって、この本読んでも、「モテる」ようになったりしないもん。のっけから、こんな本読んでるあなた、だからモテないのよ、って残酷にも宣言しているからです。たとえば、著者と女の人たちとのこんな会話があります。


――こんど、モテない男がモテるようになるための本を、書くことになったのよ。でサー、モテない男っちゅうのは、結局、どうしたらいいのかね？

――まず、そういうたぐいの本を、読まないことね。読んだ時点でダメね。ていうか、本屋で、そういうマニュアル本の棚の前で立ち止まったときに、すでにもう負けてるね。……本が悪いんじゃなくてさ、マジメな気持ちでそういう本さえ読んでりゃなんとかなる、って思ってる感性がさー、とっても、モテない秘訣だよね。（P26、27要約）

ここを読んだ時点で、「モテたい」動機でこの本を手にとった読者は、本を置くでしょう。この本から得られるのは「モテる」ノウハウではない！　モテようがモテまいが、生きていけるまっとうな人生へのメッセージである！……なんて言っちゃったら、やっぱ、この本を手にとらないだろうなあ。この本、書店のどのジャンルの棚に、置かれるんだろう？　セックス・マニュアル？　生き方本？　人生論？　おたく本？　いっそ哲学書？　大平光代の『だから、あなたも生きぬいて』の隣か、それとも中島義道の『生きにくい……私は哲学病。』とか中島梓の『コミュニケーション不全症候群』と同じコーナーか。それならそれで大平さんや中島さんの本を買いに来た人たちは、この本を手に取らないだろうなあ。まあ、あたしの処女喪失作、『セクシィ・ギャルの大研究』が謝国権の『性生活の知恵』の隣にならんでた、というシャレにならない話もあったけど……。

で、この本が届くべき読者に届くにはどうすればよいか、担当の編集者はどういうジャンルの本づくりをするか、アタマを悩ませているはずなのです。

＊

この本のキーワードは「キモチワルイ」です。これほどずばり、言い得て妙なコトバはありません。

あなたはなぜモテないか？　ずばり、それはあなたがキモチワルイからである。セックスについて語るのに、これ以上、適切なコトバありません。なぜなら、セックスとは「キモチイイ」ことだからです。

キモチイイことを、キモチワルイ相手とするな。

援交こと援助交際の女の子に言ってやれるせりふは、これに尽きます。

「キモチイイ」セックスと「キモチワルイ」セックスの両方を経験してみれば、「ちがいがわか」ります。グルメであるには、グルマンであることが必要なのと同じこと。そしたら「キモチワルイ」セックスは時間とエネルギーと体力のムダ、と思うようになるでしょう。まっ、どぶに捨てるほど体力がありあまってればベツですけど。

著者は「キモチワルイ」男を何種類かに分類しています。このなかで「キモチワルくない」のは、「かんじのいいバカ」と「考えられる人だが、臆病すぎない」人、の二種類だけです。こういう表現を聞いてもわかるのは、「キモチワルイ」か「キモチワルくない」かは、外見や外から見える指標で判断できないことです。学歴や職業や収入でも、判断できない。持ってるクルマやファッションでも区別できません。だから努力して手に入れようとしても、手に入るもんではない、ということがわかる。

ここにある「キモチワルさ」のリスト、たとえば「かんちがいしてるバカ」「バカなのに臆病」「考えすぎて臆病」のもろもろは、男であることの「自意識のビョーキ」をあらわしています。だからバカにつけるクスリはない。バカは死ななきゃ治らない。これでこの本は終わりです。

たとえばストーカーは「かんちがいしてるバカ」です。セクハラおやじも「バカなのに大胆」なだけの「かんちがいしてるバカ」です。DV男もおんなじです。「臆病なだけのバカ」を、著者は「暗い人」と言いますが、「暗い人」は「キモチワルイ」だけであまり他人に迷惑がかからないから、平和に生きててもらっていいのですが、「かんちがいしてるバカ」で、「バカなのに大胆」でおしつけがましい手合いがこの世の中には多すぎて、女はとっても迷惑しています。でも、こういうのはまだ、わかりやすいバカです。

ここまで読んでも、「いままでのは、ひとつもオレのことじゃねー」と思ってるあなた。著者は、そういう「あなた」に、「あなたが、いちばん臆病でバカな男です。バカ中のバカ」とだめおしをします。「それなのにモテない」のは、あなたが「キモチワルイ」から。それに気がついていないのはあなただけ、と。

そういう「あなた」が守ってるのは「自分のプライド」。そう、男であることの「自意識のビョーキ」とは、このプライドのことなのです。ニホンゴでは男の「コケン(沽券)」とも、言いますが。

女が生きのびていくための「女らしさ」のスキルは、あげてこの「男の自尊心のお守り」にかかっています。上目使いの笑顔の後ろで、アーァ、とあくびを噛み殺しながらね。だって、財布とツラの皮の厚い男から、カネと力をかすめとるには、少々相手がキモチワルくても、ガマンするしか、しかたないじゃない。

＊

で、著者はあなたに聞きます。モテたい、ってどういうこと?

「いったい、あなたは、なぜモテたいと思うのでしょう?」

「あなたは、どういうふうにモテたいのでしょう?」

著者が言うように、とばして読まないよーに!

結局、カネや地位や学歴やクルマや外見やもろもろで「女性にモテてる」のはモテるうちに入らないと思ったら、そして右にあげたもろもろの「モテる」ためのグッズを自分が備えていないと思ったら、「モテる」ってのは、ひっきょう、自分が「キモチワルくない」ってことを、だれか他人が保証してくれる、ってことなんでしょう、と著者は言います。引用しましょう。


「あなたや僕が、女性に『モテたい』と思うのは(あるいは「やりたい」と思うのは)どう考えても、ただたんに性欲のせいだけじゃ、ないですね。

きっと人間は、他人から『あなたは、そんなにキモチワルくないよ』って、保証してほしいんです。」(P101)

うーむ。人生の奥義を、こんなにわかりやすいコトバで言えるおまえは何者じゃ。

「『やらせてくれ』（中略）って他人に言うのは、そういうことです。」「あんまり浮世の義理がからまない、よく知らない女の子がやらせてくれたら、それは、あなたがキモチワルくなかったんだ、ってことになります。」（P101、102）

なーるほど。セックスってやっぱ、リスクとストレスの多い行為ですからね。キモチワルイ相手とじゃ、やってらんないでしょうよ。それに「浮世の義理のある」相手に迫って、何がおもしろいのかね。イヤと言えない相手に迫るのが、セクハラってゆーもんで、あれはモテない男の典型がするもんです。

しかも、「ナマミの女」はひとりひとり違います。何が「キモチ」よく、何が「キモチワルイ」かは、人によってちがう。たとえば「自分のキモチワルさと格闘している女」が「同志」って感じで「好み」だと、著者は言っています。これは「自分のキモチワルさと格闘して」きた著者ならではの、含蓄の深いせりふです。ここまでくると、ほやとかこのわたが好き、っていう上級編で、苦いもンやくさいもンにも、それなりの味わいがあるっていうもんです。これなど、場数をこなしてきた著者ならではですね。

で、この本には、実に生きる上での含蓄に富んだ味わい深いせりふがいくつもあるのですが、これぞきわめつき、というせりふはこれでした。

著者は「あなたには、ちゃんと自分で選んだ、自分の居場所があるか？」と問いかけます。そしてこう言うのです。

＊

「〝あなたの居場所〟というのは、（中略）『あなたが、一人っきりでいても淋しくない場所』ってことです。」（P94）

これ、ツボにはまったね。うーん、しびれました。

この一行を読むためだけにでも、あなたはこの本を手にとったねうちがあるでしょう。

モテても、モテなくても、あなたは生きていける。なぜなら、あなたが「キモチイイ」かどうかを決めるのは、あなた自身だから。こんなにポジティブなメッセージがあるでしょうか。

モテてもモテなくてもいい。セックスはしても、しなくてもいい。マスターベーションだって、キモチよければそれでいい。他人とやりたければ、相手にとってキモチワルくない男になりましょう。そのためには相手の身になって考えましょう。最低限、「望まない妊娠」という暴力は、冒さないようにしましょう。だから、コンドームは必携ですね……。

「二村監督と、また一緒にお仕事したいわ」と、AV女優さんたちは言うそうです。さも、ありなん。あたしだってもっと若ければ……なぁーんてね。

「全男性必読の書」なんて、あのウエノチズコが推薦したら、この本、かえって売れなくなるでしょうか。

上野千鶴子（うえの・ちづこ）
社会学者。東京大学名誉教授、NPO法人ウィメンズアクションネットワーク（WAN）理事長。

※文庫版『モテるための哲学』より再録

【文庫版『モテるための哲学』あとがき】

　この本を「届くべき読者に届く本」にするべく知恵を絞ってくださった幻冬舎の志儀さん。いわば「本書を発見して」くださった浅羽通明さん。解説を書いてくださった上野千鶴子さん。オビで推薦してくれた森下くるみさん。どうもありがとうございました。

　執筆していたころは「駆け出しのＡＶ監督」ってかんじだった筆者の近況ですが、なんだか「痴女とレズのオーソリティ」とか呼ばれるようになり、ようするに、あいかわらず【女性が男性を犯したり、能動的に愛したりするセックス】や【女性と女性が愛しあうセックス】を撮影してます。

　とくに「女性（娼婦ではない、普通の女性）が能動的に（男性へのサービスではなく、自らの欲望として）するセックス」というのをＡＶの世界だけでなく一般世間にもポピュラーなものとして認知させたいなー、と考えておりますが、その話は長くなるので、また次の機会に、じっくり。

上野さんは解説でご自分を「本の娼婦」と称されましたが、それはそうなのかもしれませんが、あまり上野さんが「かわいそー」とは思えません。かわいそーな娼婦とセックスしてもキモチよくないからです。かわいそーじゃない娼婦はお客をキモチよくさせることができたときに快感を得ていると思う。その快感は職業的な満足感でしょうが、そこに「愛」がないのかというと、そんなことはない。そしてその快感はお客のほうにも（本の娼婦に読まれた本のほうにも）伝わるのではなかろうか。

ＡＶ女優にも「かわいそーな人」と「かわいそーじゃない人」がいます。かわいそーかかわいそーでないかは環境の問題ではなく（たとえばギャラの高い人がかわいそーじゃないかというと、そんなことはない）当人の心の問題なんだとも言えますが、なんでも「当人の心の問題」にしちゃえば話はカンタンだな！　この件も避けては通れないので、どこかでちゃんと考えたいと思います。

本書を購入してくださったみなさんがモテまくるようになることを、あらためて心から願います。僕は、まだまだモテたりないです。

２００２年５月

第5章

モテてみた後で考えたこと。

1章から4章までを書いて最初に出版してもらったのが今から15年前。

ほぼそのままの内容で文庫で出してもらった（その時は『モテるための哲学』というタイトルにした）のが10年前。そのころから僕はモテはじめた。

原稿を書いていたころはモテてはいなかった。もともと【自分がモテているから自分が「できていること」を人におすそわけする】ために書いたのではなく、自分がモテてないからモテるようになるために「するべきこと」を書いたのだった。書くために考えて、多くの人に読んでもらって、やっと身についたんだと思う。


そしてモテるようなって、いっとき人生の調子が非常に良くなった（ように本人は感じた）のだが、しばらくすると【モテているのに、心が苦しい】という状態になった。

いや、「モテてモテて困っちゃったんだよ〜」と言いたいのではない。そこまではモテてません。

それはどうやら僕だけではなかったらしいという話も後で聞いた。たとえばイースト・プレスの編集者M氏も、ずいぶん前にこの本を読んで内容を理解したらモテるようになり、その結果、僕と同じように苦しくなってしまった、とのことである。わりと恐ろしい本を書いてしまった。

「モテる」ということは、つまり他人の【心にあいた穴】を刺激できる人間になる、ということだ。

女性の側からすると、モテる男というのは「心の欠けた部分を埋めてくれるような気がする、つきあうことで完璧な自分になれるような気がする男」なのだそうだ。

この本の【前半のまとめ】でも書いたが、僕自身がモテたかった理由（僕の心にあいた穴）というか動機は「僕はキモチワルくない存在だ、と誰かに保証してもらいたいから」だった。ちなみに僕の【理想のモテかた】とは「たくさんの女性が僕のことを好きでいてくれてセックスも全員と楽しくできていて、なおかつ、その女性たち全員がなかよし」という状態だ。

しかしモテるようになって僕の心の穴が埋まったのかというと、埋まらなかった。書くことで「バカが治って、モテるようになれた」わけなので、ややバカじゃなくなった僕には「相手が傷ついていること」「相手が苦しんでること」が多少わかるからだ。

それでも、ひらきなおってインチキ自己肯定して本人は調子いいようなつもりでいたのだが、それは周囲からすると、わりとキモチワルい男なのだった。モテているのに。

そのうちに【加害者意識】が、つのりはじめた。

それで2冊目の本『恋とセックスで幸せになる秘密』を書いた。これは読んでくれた何人かの女性から「優しい本ですね」と言ってもらったけれど、作家の中村うさぎさんからは「ここには二村さん自身が全然出てこないじゃないか」と言われた。そういう意味では、たしかに卑怯な本だった。その後2014年4月に、80ページ増補改訂し、『なぜあなたは「愛してくれない人」を好きになるのか』というタイトルで文庫化。

そこには書かなかった【けっこうひどいこと】を今からここに書こうと思うのだが、モテる男に恋した女性は、ときに頭がおかしいとしか、(男性の側からすると)思えないことを言いだしたり、そういう行動にでたりする。

それぞれの女性によって、それはさまざまなかたちをとるだろうが、彼女たちが言っていることは本質的には共通していて、ようするに「私を抱きしめて。支配して。でも同時に、私を自由にして。私をコントロールしないで」と言っている。

むずかしい。ていうか矛盾している。こっちは「なにを言ってるんだねキミは?」と言いたくなる。女の人は「矛盾してないよ!」と思うと思うが。

もうちょっとおだやかに表現すると、彼女たちは「あなたが私を愛して。でも、あなたがしてくれる愛しかたは、私がされたい愛しかたではない」と言っているのだ。

だが、われわれ【モテて、女性から恋された男】も、女の人にむかって「恋してくれたんだから、お前をオレのものにするよ。だが同時にオレは、お前を突き放すよ」と、つねに言っている。矛盾している。すなわち「オレはお前を愛したいのだが、お前が愛されないように愛することは、しないよ」と後出しジャンケンのように宣言しているのだ。なんでそんなダブルバインドをかけるのか。

ヤリチンつまり複数恋愛を指向する男であればこれに「いやだったら勝手にしなよ」が加わるのだが、これが一対一恋愛の場合（一見【誠実な】恋愛の場合）は「オレは、ちゃんと愛してるじゃないか。何が不満なの」「オレも仕事で疲れてるんだよ……」が加わる。どちらにせよ男が女を支配しようとするかぎり（女も「支配されよう」とするかぎり）かならず男はダブルバインドをかける。

奇妙なことに「男は女を支配しようとして、けしからん」と怒る女の人も、【被害者意識】を持つかぎり同じダブルバインドをかけられる。

なんだか男は「愛しかた」がへただし、女は「愛されかた」がへただね。

へたな者に「上手になれ！」と言ってもしかたがない。女も男も混乱しているからだ。どちらも自分が【やってる】ことも、そもそも【やりたかった】こともわからなくなってる。

モテて、いったい僕は何をしたかったんだろう？

自分の【理想のモテかた】つまり【恋されかた】がわかればわかるほど【愛しかた】がわからなくなっていく。

……この「堂々めぐりして答えが出なくなる」つまり「考えられてるけど暗い人」状態であった僕は最近になって、あることに気がついた。

「モテたい」＝「キモチワルくないと保証されたい」というのは、「恋されたい」ではなくて、本当は「愛されたい」ということだったんじゃないだろうか。

男にとって（男性社会の中で）モテる男になりたい！　いい女を自由にできる男になりたい！　とめざすことは【向上心がある】てなこと、ではある。

そして「おれは愛されたいんだ」などと自ら認めることは、なんだか恥ずかしいことである。

だから男は、自分が「モテたい」というのは「恋されたい」ことなんだと自動的にすり替える。

だが【愛されたい】というのが「自分を肯定してほしい」という欲求だとしたら。『恋とセックスで幸せになる秘密』の中で、そう定義した。ちなみに【恋する】とは「相手を求めること、自分のものにしたがること」だと定義しました。【モテたい】は「キモチワルくないと保証されたい」ことなんだから、じつは【モテたい人】は愛されていれば充分であって「恋されて、相手を支配する」必要は、ないんじゃないだろうか。

モテた者も、モテをめざす者も、ただ「自分は愛されたいんだ」と認めればいいんじゃないだろうか。

「愛されたいんだ、と自ら認めること」は、女の人に「オレのことを愛して！　愛して！」とだだをこねて甘えることではない。それは子どもっぽい愛されかたです。

また、女性の「こちらに恋してる感情」や「優しさ」につけいって甘えさせてもらおうとするのは「愛されること」ではなく、ずるい手段を使って「支配すること」と同じだ。彼女があなたに恋してしまったことを担保にとって、あなたが「いばったままで彼女に甘えて」愛されようとすると、そこで彼女の中で発動するのはインチキ自己肯定ならぬ【インチキ母性】です。なぜなら彼女の【女性性】は傷ついたままだから。

女性から肯定されて愛されたければ。

いばるのをやめて（「自分は、いばってないから大丈夫」だとか「自分は女性の味方」などと、うわべだけ優しいふりをして女性をなめてかかるのもやめて）その女性の前で「すなおになる」しかないいんじゃないだろうか。


今回の3回目の出版では、だいぶ文章にも構成にも手を入れた。前の版どちらかをお持ちの方は比べて読んでいただくのもご一興かも。が、書いたことを「より、わかりやすく伝えたい」という意図で直したので、あまり内容は変えていないつもりだ。

しかし、この「長いあとがき」みたいな第5章と、あと第3章の後半『どうやって出会うの？』は、がっつり新しく書いた。つまりそこに書いたことは15年前の僕には、わかってなかったことなのだ。

じつは3章に書き足したことは、つい先日、ほんとに、つい3週間くらい前、それこそ「あるコミュニティ・サークル」すなわち僕をゲストで呼んでくださったある読書会なのだが、そこで目撃した光景が、もとになっています。

15年前どころか1か月前まで、僕は【自分が変わることを、こわがらない】ことが「モテや恋愛にどう関係するのか」よくわかってなかった。

今は、書いたので「頭では」わかった。

さっき書いた【モテるようになった男が恋する女に「愛するけれど、お前が愛されたいように愛してあげることは、しないよ」とダブルバインドをかける】のは、つまり【自分のほうは、変わる気がない】ということだ。それだと相手だけじゃなく、なにより自分が苦しくなるのだ。

わかったが、それが「自分に、できるかどうか」は、まだわからない。また5、6年かかるかもしれない。

「愛されたいんだったら、こちらも愛するしかないよね」ということも、よく言われている。それはそうである。これも頭では、わかる。わかるが、自意識が強くてキモチワルい男は「愛する」のがへたなのである。僕が好きな【めんどくさい女たち】が「愛される」ことがへたなように。

だが、こういうことも考えた。われわれ【モテたい男】たち、すべてはモテるためであると思ってる男たちは、それだけ「愛されたい」わけだから、じつは「われわれこそ【愛する】ことができる」のではないか。

ある人間が「心の底から願っていること」「ほんとうに欲しいと思ってること」は、じつは「その人が他人に対して【与える】能力を持ってること」なのだ。

説明しよう。

たとえば「お金持ちになりたーい」と思ってる人は多いが、それを【心の底から、誰よりも真剣に】思ってる人は、小金を貯めこむ人じゃなくて、やがて大金持ちになって「寄付」だか「雇用を生む」だかわからないけれど、とにかく最終的に「他人にお金を払う」つまり「世の中にお金を廻していける」ようになれる人である。そういう人でなければ、お金持ちとは呼べない。

たとえば。この僕はエロい映像が好きで好きで、できることなら一生涯エロい映像を見ることだけして生きていきたいと本気で思っていたのだが、そしたらAV監督という【エロい映像を人に見せる職業】になってしまった。

たとえば「モテたい！」と痛切に思ってる【あなた】は、その一方で誰か（その人はアイドルかアニメキャラかもしれないけど）に恋してるでしょ？ その人は、あなたからモテている。てことは「モテたいモテたいと言ってる」あなたは「他人に恋する、つまり他人をモテさせる能力がある」のだ！

以上、証明（?）終わり。

てことは「モテたい」が「恋されたい」じゃなくて「愛されたい」だと気がついた人は

ですね、じつは「ちゃんと他人を愛する能力」を有するのだ。

それを認めて「愛することによって自分が変わるのを、恐れない」のが、つまり「大人になる」ということじゃないだろうか。

子どもであることのほうが変化の余地があって、大人になっちゃうと人間が硬直するんじゃないかと考えがちだが、そんなことはない。

子どもであり続けることのほうが「がんこ」で「自分を守ってる」のである。

大人だということは「もう、そんなに長い時間は残ってないんだから、なるべく他人を幸せにしよう」と考えることだ。

で、1章から4章までかけて、さまざまな「モテるために変わる」方法を考えてきたわけだが、最終的には「大人になることでモテる」のが、いちばん威力があります。相手も自分も苦しまないし。

あと、いまさら「こちらから恋をする」というのも、いい方法だと思う。

いちどモテてから、そこに甘んじないで自分から恋をして【恋をした者は、相手を支配することができない】ということを知る。それこそが「女性から恋されて相手を傷つけ、そのことで自分も苦しんだ」男性に、必要なことなんじゃないだろうか。

そのためにも、この本を熟読して、まずはモテてください。モテないままで恋をすると、自意識をこじらせて、非モテのままエラソーになっちゃう男性が多いような気がするんだよね。それは、かっこわるいです。

まず女性と同じ土俵に乗ってから、恋されるのではなく、あなたの側から恋してみてください。なるべくキモチワルくない女性に恋してください。結婚サギみたいなのには、ひっかからないでください。


「恋をする」とは「自分の欲求を、相手にぶつけること」だ。

だから恋をすると、相手がどんなに性格いい人だったとしても、あなたは、かならず打ち砕かれます。あなたは自分の【男性としての欲求】だと思ってたものが「じつは社会や親によって作られたもの」であることを知るかもしれない。

それは恐れるべきことじゃなくて、楽しいことです。しつこいようですが安全圏（だと思ってたところ）でモテて、それで相手も自分も苦しむほうが、よっぽど恐ろしいよ。打ち砕かれるのは【あなたの心のふるさと】じゃなくて【あなたのインチキな自己肯定】ですから。

大人だということは
「もうそんなに長い時間は残ってないんだから
なるべく他人を幸せにしよう」と考えることだ。

by 二村ヒトシ

これ素晴らしいね 15年前だと解んなかっただろうな
でも今はすっごく解るよ

［特別対談］
國分功一郎×二村ヒトシ

この本は、単なる
モテ本ではない。
実践的かつ、真面目な
倫理学の本である。

なぜ哲学者はAV監督の本を読んだのか？

二村　國分さんは新聞のエッセイなんかでも僕の本を褒めてくださってて、とても嬉しかったんですが、哲学を研究されていて社会問題についても発言される人が、AV監督が書いたモテるための本に興味を持ってくれた理由というのを……（笑）。

國分　最初は二村さんが書かれた『**なぜあなたは「愛してくれない人」を好きになるのか**』という本を、知人の薦めで読ませていただいて、それにすごく感銘を受けたんです。後日、実は二村さんが別の本も書かれていると知って、この『すべてはモテるためである』を読みました。そしたら、「僕の本とすごくつながる部分が多いな」と思って驚きました。僕は昨年『**暇と退屈の倫理学**』（**朝日出版社**）という本を出して、これは暇と退屈というテーマを哲学的に論じたものなんですが、このテーマは結局、「よく生きるにはどうしたらいいのか」「どうしたら自分を持っている人間になれるのか」という問題につながるんです。二村さんの本も、体裁としてはモテマニュアル本なんですけど、僕と同じテーマを題材にしているな……と思ったんですよ。

二村　哲学書とモテ本で、扱っているテーマが同じというのも不思議なような、当然のような（笑）。でも「よく生きるにはどうしたらよいか」ってのは、売れる自己啓発本のネタですよね。

國分　たしかに世の中には自己啓発本と呼ばれるものが多く出版されているけれど、そういった本の大半はあるひとつの生き方をモデルとして出して、「このモデルにハマれば、人生うまくいくよ」っていう話をしている。あるいは、モデルは提示しないで、「君はそのままでも素晴らしいんだ」と無根拠に断言してサプリメント的な効果をもたらそうとする。当たり前のことですけど、「こういう生き方をすれば人生がよくなる」っていう万人に対応できる方法なんてあるわけない。人によって生き方が違うのは当たり前です。でも、その自分らしい生き方というのが自然に学ばれるかというと、実はそうでもない。自分で考えて獲得しなければならないものである。二村さんのこの本は、『すべてはモテるためである』という軽薄なタイトルにもかかわらず、「君たち、ちゃんと考えよう」と読者に語りかけている（笑）。

二村　最初のほう、その「語りかけ」が、われながら異常にシツコイと思います。

國分　でも二村さんは、単に「考えろ」と言うだけじゃなくて、「この選択肢のなかで考えてみなさい」「その次はこの選択肢のなかで考えてみて」と、選択肢を示すことで、考えるための手助けをしていますよね。ここが大切だと思う。やはりいきなり「自分のことを考えてみろ」なんて言われても、どうしていいか分からないんですよ。それに対し、この本のやり方というのは、想定される雛形を提示して、それをもとに考えてもらうというものですね。これは本当に実践的だと思う。

あと、こういうタイトルですから読者も最初は軽薄な気持ちで（笑）買うわけですが、買った人がちゃんと最後まで読めるように非常に繊細な工夫がしてある。たとえば二村さんは、カッコのなかでふざけたことを書いたりしてますよね。真面目な内容に軽いツッコミを入れることで、文章の調子を失わずに、おもしろく、しかしきちんと考えてもらう方向に持っていっている。これは、実はすごく高度な技術だと思いました。

モテていない男が「モテるための本」を書いてしまったワケ

二村　実は、これを出した15年前は僕自身あまりモテてなかったんです。

國分　あまりモテてない人が『すべてはモテるためである』というタイトルのモテ本を書いたというのもすごい話ですね（笑）。

二村　この本を書くことで、モテについてものすごく考えた結果、すこし女性にモテるようになった。でもモテるようになって目標を達成したはずなのに、自分の心が苦しくなる……、という現象が起こりました。

國分　今回新しく追加された章でお書きになっていることですね。この章を読んで、すごく感じ入るところがありました。僕自身、退屈に悩まされていて、そこから『暇と退屈の倫理学』を書いたという経緯があったんです。「この苦しい状態をいったいどうしたらいいだろう？」と考え抜いてあの本が出来た。だから、すこし大げさな言い方に聞こえるかもしれないけれど、追加された第5章を読んだ時に、そこに「書くことでなんとか生き延びる」という姿勢を感じて、そこで「同志感情」みたいなものを持ったというか……。

二村　うひゃー。

國分　僕自身の話になりますが、僕は哲学でずっと「方法」というものを研究してきているんです。でも、それはやっぱり僕自身が誰からも「生きる方法」「生き方」を教わっていないという気持ちがあるからなんです。いつも物事の判断基準がふらふらしている自分があって、「どうやってものを考えていったらいいんだろう…」とか「正しい・正しくないって、いったいどうやって決めることができるんだろう…」とか、そういうことを猛烈に考えていた。

二村　僕は、よいセックスをする方法がわからなくて、それを知りたくてAV男優になって、モテる方法がわからなくて必死で考えたことをモテるための本に書きました（笑）。自分が「方法がわからない」ことを自覚するというのが、弱点にも、逆に強みにもなるということかな……。

人間は「愛」や「恋」や「生き方」を習っていない

國分　二村さんの本を読んでいて、僕は「生き方を学ぶ」ということをぼんやり考えていました。「生き方」ということは実は学ぶべきものであって、自然と身につくわけじゃないという視点が必要だと思うんです。「お前はこう生きろ」と強制されていた時代は、ある意味で楽ですよね。すべてやるべきことが決められているわけですから。でも、それは自由を犠牲にしての「安楽さ」でしかない。じゃあ、生き方のモデルをたくさん提示すればいいのかというと、選択肢が多いからって自分にぴったりのものが選べるわけじゃない。選択肢の数と自由とは全然関係ないんですね。しかも、その選択肢も実際には非常に限られた数しか与えられない。僕が研究している哲学者スピノザの言葉を借りると、自分のなかにあるコナトゥス、つまり自分のなかの必然性を発見して、それに従って生きていくというのが「よく生きる」ということなんですけど、そこにあるのも「生きることを学ぶ」という視点なんです。

二村　僕は学問を全然してなくて本もあまり読んでないんで、読んだ人から聞いた話ですが、精神分析家のフロムも「愛しかたや恋の方法は、人間にはそもそも備わっていないものだから、どこかで学ばなくてはならない」って言ってるそうですね。

國分　「愛や恋という感情が人間には備わっていない」という問題に関しては、ルソーが『人間不平等起源論』という著作のなかで面白いことを言っているんです。彼は社会が存在しない自然な状態に生きる人間を「自然人」と呼んでいるんですが、この自然人というのは誰かと一緒にいるのはイヤで、みんな好き勝手にブラブラしているって言うんです。たまに喧嘩をしたりもするし、もちろんたまに出会った男女がセックスをしたりもする。けど、とにかくバラバラで好き勝手している、と。

二村　その状態だと、まちがっても好きこんで毎朝、満員電車とかには乗らないってことですね。

國分　乗らないですね（笑）。で、ルソーはそこから、「男と女が一緒に住むのは当然だ」って言ってるイギリスの哲学者のジョン・ロックを批判している。男女が出会って一晩を過ごしても、翌朝になればなにごともなかったかのように別れてしまうのが当然じゃないか、と（笑）。もちろん、自然状態ではふたりを縛るものは何もないんだから、確かにそうなんですね。

人を欲するという気持ちは、生まれ育つ環境で培われるもの

二村　じゃあ「この人と」セックスしたいなという感情や、あるいは「1回した相手」と

か「もう何度もやった相手」と、もうちょっと一緒にいたいという気持ちは、どこから来るんでしょう？

國分　そうですね、そこが大切な問題です。ルソーが扱っているのは現実の人間ではなくて、理念的なモデルです。自然人というモデルを考えると、一夜をともに過ごした人とでも実に簡単にサヨナラできるかもしれない。まぁ現実にもサヨナラしてしまう人は多いかもしれないが（笑）、でも、ちょっと思い出したり、気になったりするわけですね。それにルソーは「人間はずっと孤独でいたいのだ」と言っているけれど、現実の人間はそうではない。我々は多くの場合、誰かに惹かれる。

人間が誰かに惹かれるというのは、よく考えてみると不思議なことなのですが、僕はひとつの手がかりは二村さんが『なぜあなたは「愛してくれない人」を好きになるのか』でお書きになっている、「心の穴」にあると思う。人間の心には先天的に穴があいているわけではない。しかし、誰かに育てられるなかで、必ずいくつもの傷を負い、その傷が集まって「心の穴」を形成する。それが人間の性格であったり、好みであったりする。で、その「心の穴」が似ていたりすると、その人たちが惹かれあう。「心の穴」が愛や恋の根源にあるとすれば、愛したり恋したりという感情は、先天的なものではないが、しかしほぼ必然的に後天的に獲得されるものだ、と考えることができると思うんです。この点はまだまだ考えていかねばならない論点なんですが。

二村　「人を好きになる」「あの人に惹かれる」という気持ちが後天的というか、生まれた後に得てしまうものだとすれば、その「新しい感情」と、どう向き合っていくか、この感情と共にどうやって生きていくのかっていうことは、どこかで学んだり、ちゃんと自分で考えたりしないとマズいよね。でも人生の時間の中で「恋しかた」や「愛しかた」って、学ぶタイミングがないまま実戦に放り出されてますよね。親とか上の世代のモラルの圧迫が正しいとは思えないし、消費社会やロマンチックな物語の中ではナルシシズムだけが肥大していくし、どんどん苦しくなる。『なぜあなたは「愛してくれない人」を好きになるのか』にそって言えば「モテる男」は「インチキ自己肯定」ができるけど、「女性」と「モテない男」にはインチキ自己肯定のための回路すら整えられていない。その状態はすごくキツいことです。

國分　そうなんですよね。愛やセックスだってその仕方は学ばれるものだって考え方がなぜ出てこないんだろう。性愛関係っていうすごく大切なものに関して自分が何を欲しているのか考える機会がない。職業とかについては学ぶ場所があるわけですよね。もちろん「職業訓練校」みたいな感じで、「性愛訓練校」とかを作るわけにはいかないかもしれないが（笑）、何かが必要だと思う。

今の60代ぐらいの世代だと「映画を観て恋を学んだ」という人も多かったと思うのですが、やっぱり一人ひとりが自分らしい愛し方やセックスの仕方を発見していくほうがいいに決まっている。つまり自分のコナトゥスに従って生きる仕方を発見するということですね。ロールモデルが単純だと確かに楽なんだけど、繰り返しになりますが、その安楽さは自由の否定と一体ですね。僕はやはり自由を肯定したい。そういう意味で、二村さんの本はその教科書として、とても適している。読者にはすごい努力を強いることになりますが。

二村　「自分が本当に欲しているモノを、よく見きわめろ」ってことばっか書いていますからね。

國分　そのせいか、すごく本の構成が理論的で実践的ですよね。前半は「自分を持っている」とはどういうことか、どうやってその域に達するかが語られていて、後半は「コミュニケーションが下手だと思うのなら、キャバクラに行って話してみろ」となる（笑）。確かに努力を強いるんだけど、その努力がなぜ必要かも説明されている。これが、世の中の自己啓発本にないものだし、いわゆるサプリメント本とのちがいですね。

二村　だから読者には「なんでモテたいのか」「どんな人にモテたいのか」「どうやって愛されたいのか」ということを突き詰めてほしいんですが、僕はその「愛されたさ」も「誰を好きになるのか」も、その人自身が持ってる「心の穴」に関係してくると思うんですよ。

「恋に理由なんかない」なんてウソ

國分　先ほども言及した「心の穴」という言葉ですが、改めて紹介すると、二村さんは『なぜあなたは「愛してくれない人」を好きになるのか』のなかで、人間の持つトラウマや心の中に持つ空虚感を「心の穴」と呼んで、細かく分析していらっしゃいますよね。実は、この「心の穴」という表現が、僕が二村さんの著書に感銘を受けたひとつの要素だったんですよ。

二村　すべての人間は心の真ん中に穴みたいなものを持っていて、「さみしさ」や「かかわった人を苦しめてしまうネガティブ感情」だけじゃなく「行動のクセ」や「その人らしさ」

そして「その人の魅力」も、その穴から湧いてくるんだと僕は考えています。で、モテる人間は「その人の心の穴から湧いてくるものが、他人の心の穴を刺激する」からモテてるんだと思うんです。僕自身が人から好きになられたり、人を好きになって執着したりしてるうちに感じたんですが、そのことを分析的に書いてみたのが『なぜあなたは「愛してくれない人」を好きになるのか』でした。

國分　そうだったんですね。先ほどの話で言うと、僕自身、やっぱり愛する気持ちは、もともと備わっている先天的なものではなくて、その人自身が持つ「心の穴」によって発生するものだと思うんです。この「心の穴」は、しかし、誰かによって、主に親によって、ほぼ必然的にあけられる。そして、その穴があるゆえに、それを埋めてくれる誰かを欲する。

これは非常に理屈っぽく聞こえるかもしれないけれど、実は実践においても重要なことです。というのも、恋愛感情というのが自分の「心の穴」から出てきているもので、しかも「心の穴」が主として親によってあけられたものだとすると、二村さんが『なぜあなたは「愛してくれない人」を好きになるのか』でお書きになっているように、恋愛は親子関係をやり直していることになる。なのに、なかなかそれが学べないし、認めたくないもんだから、「だって恋ってしちゃうものでしょう！」みたいなことを言って、ごまかして、自分の穴を見逃してしまう。

二村　僕は、そもそも「恋に理由はない」っていう、あの言葉が本当に嫌いなんですよね。理由なんて、あるに決まってるじゃねえか、っていう。

國分　「どんなことにも原因はある」ってスピノザも言っていますよ（笑）。

二村　もしも人間に「心の穴」がなかったら、おそらく、おたがいに惹かれあうってこともないんじゃないだろうか。

國分　仰る通りです。あと、二村さんが「心の穴」を論じるにあたって、親との関係を重視されていることも強調したいですね。これは非常に重大なテーマなのにあまり論じられていない。〈父なるもの〉とか〈母なるもの〉が抽象的にはさんざん論じられているけど、各人が生きてきた父や母や育ててくれた人との具体的な関係については、それを論じるための視点が提示されていない。だから、二村さんが『なぜあなたは「愛してくれない人」を好きになるのか』で「親は子どもの心に必ず穴をあける」とお書きになって、具体的な親との関係を論じる視点を提示なされたことに大変感銘を受けました。

どんな人でも、小さい頃に親の影響を受けていて、なにかを押し付けられて生きてきている。アリス・ミラーという精神分析家はそれを「闇教育」と呼びましたが、親によってなにかをあきらめさせられたり、親に愛を期待していたけど裏切られたりということですね。そもそもフロイトが性格は断念によって形成されると言っていたわけで、恋や愛について、ひいては人の心について考えるなら、絶対に「心の穴」を避けるわけにはいかない。そしてそれは親との関係を考えることでもある。

二村　まったく、仰る通りだと思います。

國分　「心の穴」は、それを持つ人と持たない人がいるんじゃなくて、誰の心にもあけられているものです。ただ、その「穴」は大きさや形が違う。「自分の心には穴がある」ということを認めた上で、それがどんな形をしているのかを考えてみることはとても大切だと思います。何より、自分が親になるときにはそれを考えないといけない。

「心の穴」とは『ジョジョ』のスタンドのことである

二村 ちょっとマンガの話をしてもいいですか。國分さん『ジョジョの奇妙な冒険』って読む？

國分 大好きです。

二村 あれに出てくる「スタンド」って、まさに「心の穴」だと思うんですよ。主人公も敵も味方も、その人の心の中の「どうしようもない、その人らしさ」が守護霊みたいな怪物として顕現するのが「スタンド」ですが、その超能力も弱点も、まさに「その人そのもの」なんだよね。ほら、石ノ森章太郎の時代から少年マンガの主人公って、悪役から必ず「お前は確かに強いが、その優しさが命取りだ！」と言われちゃうわけですが、その彼の「弱点」こそが最後に勝つ、みたいな。『ジョジョ』ってそれを徹底させていて、第4部の主人公のスタンド「クレイジーダイヤモンド」なんて、殴って相手を再生させる・癒すって超能力、あれは主人公の「心の性質」ですよね。敵のキャラも、その悪役の心のゆがみとか弱さが、そのまま具現化して武器になってる。

國分 二村さんのお話に乗っかって僕も言っちゃうと、論文を書く時には第3部の主人公「スタープラチナ」のように書くのが理想でして、すごく精密・緻密に動いて、読解しているテキストのどんな単語も取り逃さないが、結論は誰よりも豪快に「オラオラオラオラ！」、と（笑）。まぁ、「スタープラチナ」と違って目が悪いんですが。

二村 どうしても「そういう文章」になっちゃ

う、どうしようもない「國分さんらしさ」こそが超能力であり、でも同時に弱点かもしれない（笑）。つまり、その人の魅力と欠点は同じものである。

國分　そうですね。だって、自分の文章のどこかには必ず、豪快な「オラオラオラオラオラ！」って部分がないといやなんですもん（笑）。そこをよく指摘される。

「心の穴」についてもうひとつしておかねばならないのは、それは確かに個性のようなものであり、「その人の良いところ」も「悪いところ」もそこから生まれるし、だからこそ、それがどんな形をしているかを知ることが大切なんだけど、ただ、それを見出すのは結構つらいことでもあるという点ですね。たとえば、自分は愛されていなかったと気づくのはつらいことです。でも、それを考えないとうまく自己肯定できないのも事実で、難しいですね。

二村　でも自己肯定しようとしてない人間は「自分の心の穴」を悪いものとしか捉えてなくて、なんとか「今ある自分じゃないもの」になろうと生きるから、苦しいんじゃないだろうか。そんなの無理なのに。

セックスとはお互いの「心の穴」を触り合う行為

二村　國分さんは「心の穴」と「セックス」の関係については、どう思います？

國分　やはり喜びと快楽が得られるセックスは、本当に心を満たしてくれますよね。お互い傷ついているところはあるけれども、傷をなめ合うんじゃなくて、互いを理解し合うというか。その際にはお互いがお互いの「心の穴」をボンヤリとであれ、理解しているということがあると思います。

二村　僕はAVの撮影の前に、わりと女優さんと徹底的に「彼女の心の穴」について話したいんですよ。たとえばオッパイのAVを撮ります。女の子が大きいオッパイを揺らしながらセックスしてれば、いちおうオッパイAVのかたちにはなるんだけど、それを技術的に上手に撮ってるだけだと、いまひとつエロくない。彼女が「自分のオッパイをどう考えてるか」監督は知ってたほうがエロい映像が撮れると思うんです。彼女の人生には、オッパイが大きくなってく過程で必ず「なにか」があったはずですから、大きいことが恥ずかしいのか、AV女優になったことでそれが誇らしくなったのか……。そう考えたときに「セックスって、心の穴の触り合いだな」と思います。男優が、女の子が喜んでくれるようにあるいは恥ずかしがらせるようにオッパイを触るというのは「心の穴」に触ることになる。

モテたいんだったらセックスするときに、これは「男だけじゃなく女も」そうするべきだと思うんですが、片方が自分の欲望を相手の「心の穴」につっこむだけじゃなくて、おたがいの「心の穴」を愛撫しあってるんだって意識したほうが、モテる（笑）。ヤラせてもらっているっていうのは、こっちの穴をその瞬間埋めてもらっているわけだから、こっちも埋めましょうよっていう話なんです。

國分　ちょっと話がずれるかもしれませんが、『暇と退屈の倫理学』では性愛の話もしているんです。あの本で僕は「教育は以前、多分に楽しむ能力を訓練することだと考えられていた」というバートランド・ラッセルの言葉を解釈して、「楽しむためには訓練が必要だ」と書いたんですけど、そこで性の話もしました。「性的な楽しみ、たとえばその一例であるセックスですら、訓練が必要である」って書いてて（同書P363、注6）、傍点まで振ってオナニーにおける訓練の必要性を強調したんだけど、だれも反応してくれなかったなぁ（笑）。

二村　この本のP158で「オナニーする習慣のある女性は、セックスが魅力的である」という僕の考えを、モテない男たちに啓蒙したつもりです。モテない男性ほど「オナニーする女は、けしからん！」とか「女は性的に未開発なほうがいい」とか思ってる人が多くて、「そういうこと言ってるからモテないんだよ」と僕は常々思ってたんですが、哲学の本で同じ問題提起がなされていたとは（笑）。

國分　それに続いて、セックスも学びが必要だということを書いているんです。これも、僕らが「愛」や「恋」や「生き方」を習っていないという論点に通じると思います。ちなみに、「初めて」の時は、セックスをまだきちんと学んでいないわけで、「だから、いわゆる初体験はほろ苦い思い出として描かれる」ってカッコの中で書いたんですけど、そこには中学以来の親友がただひとり真っ先に反応してくれました（笑）。

二村　國分さん、やっぱり「愛と恋の学校」を作ろうか？　一限目「フランス現代思想」、二限目「女も男も楽しめる騎乗位の技法」、三限目「よりよい生き方」（笑）。

「モテる」ことはそんなにいいことではない。でも、人生で一度はモテてみるべき

國分　なんだかこの本のタイトルを否定するようで申し訳ないんですけど、僕は「モテる」

というのはあまりいいことじゃないと思っているんです。実は、僕自身もある時期「モテたい」と思って、周囲にいるモテる人をものすごく研究したことがあるんです（笑）。で、その研究結果というのは、「モテるやつというのは敷居が低い人間である」ということだった。他人から見て「簡単に近づきやすい人」であるとモテるわけです。つまり、「モテる」ということは、その人自身の魅力というものとはちょっと違うんじゃないかなぁと。

二村　この本でいうと「相手と【同じ土俵】に乗れる人」ということですかね。

國分　そうなんですよ。だから、繰り返しになりますが、今回イースト・プレスから再発売されるにあたって追加された第5章が僕には実に興味深いものでした。その中で二村さんは、「こうすればモテるようになるよ」「女性から恋されるよ」という本を出して、そうして自分もモテるようになったが、モテてみたら実際には苦しかったとお書きになっている。どういうことかと言うと、自分はモテるようになった、つまり、恋されるようになった。けれど、その中で自分は相手を傷つけるようになり、また自分も苦しくなった。そして自分は実際には恋されたいのではなくて、愛されたいと思っていたことに気づいた、と。

二村　気づかざるをえなかったんです！（笑）前の本では「恋は、愛とは逆のことである」とか理屈ぽく述べたんだけど、いま國分さんが言ってくださった部分を今回書けたことで、自分でも「やっと、腑におちた」感じがしました。

國分　そういう気持ちに対してどう振る舞っていくのかについても二村さんはお書きになっていますが、それは本文を読んでいただくとして、とにかくこの本は、この新章を追加されたことによって、たぐいまれなものになったと思う。もともとは（反）マニュアル本だった。しかし、15年の時を経て、その実践結果が新たに付け加えられ、本に書かれていること自体への反省が取り込まれることになった。するともうこれはビルドゥングス・ロマーン（教養小説／自己形成小説）みたいなものであるわけですね。人間の正直な生きる姿を写し取った壮大な小説。しかし、にも関わらず、マニュアル性も失われたわけではない。他に類を見ない本だと思います。

二村　ありがとうございます。自分では意識してなかったんですが（笑）。どちらにせよ、できれば「いちどはモテてみる」ということは重要なんじゃないかと思います。モテてないうちに愛とか説いても実感が伴わないし、はたから見ているとやっぱりキモチワルい人になってしまう。まあ、僕は今でもまだ充分キモチワルいんですが。

「非モテ」「リア充」などの言葉が、若者の感情を停止させる

國分　「一回モテてみたほうがいい」という話で言うと、最近気になることがあって、今、自分のモテない状態を「非モテ」と言ったり、それに対して「あいつらリア充」といった言葉を使って自分と他者を規定することがありますよね。それが僕からするとかなり違和感があって……。

別にモテなくても構わないと思っているなら、無論それでいいわけです。でも、「非モテ」「非リア」という言葉には、間違いなく、うらやむ気持ちが表れている。でも、はっきりとうらやむのではない。これらの言葉には、

うらやむ気持ちを適当なところでストップさせる効果がある。おもいっきりうらやむわけでもないし、はっきり断念するわけでもない。

二村　「自分たちの時代には」とか「いまどきの若いモンは」って言いかたはあまりしたくないけれど、僕がオタク青年だった25年前、そのころはバブルだったからかもしれませんが、この本を書いた15年前でも、モテない青年たちは「なんとかモテよう」としてました。「このままモテないことが敗者の立場だとしたら「この」まま被害者意識を持っていたくない、なんとかしなくちゃ」と思ってたと思うんです。ところが、たしかに今の若者のある層は「被害者意識を持ったまま、自分がモテないことをあきらめたままで、同時に加害者にもなろうとしている」ように感じます。それは冷笑的なネットの民にも、熱いネット右翼にも共通してるように見えるんですが。

國分　多分、「非モテ」「非リア」という言葉に頼っている人は、中途半端にぐちゅぐちゅと残ったうらやむ気持ちを解消するために別の何かを必要とするはずです。

僕自身は、「モテたい」という気持ちが少しでもあるなら、おもいっきり「モテたい」って思えばいいという立場なので、やっぱりこういう言葉には違和感がある。これらの言葉を聞いていて思いだしたんですが、カントの『実践理性批判』の中に、ホラティウスの言葉（『風刺詩』）が引用されていて、それは神が人間に投げかけた言葉なんですけど「なんで君たちは立ち止まるのだ？　彼らにはそうしようという気がないのだ。彼らは幸せになることができるというのに」という嘆きなんですね（笑）。幸せになる術が身近にあるのに、自ら不幸になる方向に向かってしまうという……。

二村　これを言うとさらに怒られるんだけど、その言葉、恋愛に苦しんで「なにがなんだかわからなくなってる」女性にも言いたいと思いますよ神様は。

うだうだと悩まず、自分の感情は、考えないで感じきれ！

國分　二村さんが前著で「感情は、考えないで感じきる」と書いておられますが、これは大切ですね。自分の感情を感じきることで、「実はモテたい…」という気持ちを曖昧にしなくてすむ。「非モテ」とか「非リア」とかいった言葉はまさにそういう感情をストップさせてしまう言葉で、感情を停止してしまうがゆえに自分のなかの「モテない」という恨みを熟成させる装置になっている気がします。

二村　「モテたい！」という感情を素直に感じきって、キャバクラに行って女性と話す練習をしてきたほうがいいんですけどね。

國分　ただ、さっきの神の嘆きじゃないけど（笑）、幸せの押し売りになっちゃうから、他人に「幸せになれよ」ってすすめるのって、すごく難しいんですよね…。

二村　言われた本人からしてみたら、余計なお世話です。俺も、言われたら、そう思う。

國分　ただ、そういう状態にある種の息苦しさを感じているんだったら、二村さんの本を是非読んで欲しいと思う。それに僕は「感情を感じきる」という提案は、すごく革命的なものを感じているんです。

二村　革命か……。感情というのは、感じている途中で「相手が悪い、自分が正しい、自分が悪い」などと頭で判断し始めるとしんどいことになるので、すなおに「怒り」とか「さみしさ」を感じきったほうがいい、という提案なんです。この本では「考えろ」ってことを読者にひたすら言ってきたので、対談で突然「考えないで感じきれ」と言われて混乱する人もいるかもしれないけど。

そもそも「感情をストップさせる」から、考えが堂々巡りして臆病になってしまう。自分の感情から逃げないことが、この本で提示してきた「考えること」のエンジンになると思うんです。

國分　この言葉にはさらなる広がりがあるような気がしているんです。たとえば、社会には当然様々な抑圧がある。で、みんな嫌だって思ってるけど、なんとなくやりすごしている。でも、みんなで同時に「本当に嫌だよね」ってなったらそれはもう革命なんですよね。別に僕は「革命よ起きろ」とはまったく思っていないけど、しかし、革命的な何かが起きるべき時に、抑圧によってそれが押さえ込まれているなら、それはなんとかしなければいけないと思います。そうした抑圧は必ず鬱憤として溜まって、どこかに――多くの場合は、子どもや社会的弱者に――向けられることになるわけですから。

『すべモテ』は、若者から団塊世代にまで通じる倫理学の教科書である

二村　この本のなかでオタク性についても触れているんですが、オタクだからキモチワルいということでは断じてない。外見でも趣味趣向でもなくて、コミュニケーションの話なんです。他者とコミュニケーションをちゃんと取れないオタクはキモくて、コミュニケーションを取れるオタクはキモくない。両者は何が違うかというと【居場所】があるかないかなんです。それは「群れる仲間がいるかど

うか」じゃない。自分の【心のふるさと】を確立していて、それを活用してコミュニケーションできるけど、それを他人に押しつけないでいられる者が「キモチワルくないオタク」なんですよ。【居場所】って、その人が独りでいてもさみしさに耐えられる場所のことだから。同じことを喋りあう内輪の人と群れているだけでは、モテることはない。

國分　二村さんの定義では「自分が何をすれば楽しいかを知っている」＝「自分の居場所がある」ということですね。それは自己肯定がうまくできている状態であり、何かを存分に楽しんでいることができる。で、その人は何かに熱中しているから、それが結果的にその人を輝かせて、その人がモテるようになる、と。

二村　解説を書いてくださった上野千鶴子さんもベストセラーになった『おひとりさまの老後』の後に、男性の老後について論じた『男おひとりさま道』（法研）を書かれて、その中で僕の本の【居場所】ということばを取り上げてくださいました。妻に先立たれて、孤独に死んでいかなきゃいけない男性は【自分の居場所】がないとキツいという話です。女性たちは夫が亡くなっても女性同士のコミューンが作れて、モテる爺さんなら女性のコミューンに入れてもらえて奥さんが死んだあともさみしくないけれど、【自分の居場所】をしっかり持っている男じゃないとモテないんですよね。

國分　それを聞いて思ったんですが、この本は若い男性だけでなく、ぜひ団塊世代の男性にも読んでもらいたいですね。あの世代は、がむしゃらに働いて高度経済成長期を支えた世代だから、自分自身についてなかなか考えることが出来なかったという話も聞きます。

会社を辞めて、それこそ自分の「居場所」について考えることが多いかも知れない。「居場所」は決してオフィス内のデスクという場所じゃないんだ、居場所を持っているというのは、自分が楽しいと思える何かを持っていることなんだ、という二村さんのメッセージはあの世代にこそ響くかもしれない。まぁ、勇気を出してキャバクラに行ってもいいかも（笑）。もしかすると奥さんとの関係性などをもう一度考え直すきっかけになるかもしれませんし。

二村　この本を読んでくれたある女性が「今まで自分は、男性と同じ土俵でコミュニケーションしていたと思っていたけど、実は全然ちがう場所にいたことがわかってビックリした」と言ってくれました。「モテなくて苦しんで、こんなに努力しようとしてる男が世の中に存在するんだ」と。やっぱり、なんだかんだ言っても多くの女性は日常的に【コミュニケーションのうまい、つまりモテる男性】の存在しか目に入ってないんですよ。

國分　「私は身長や学歴や収入は気にしない、私を愛してくれるなら誰でもいいわ」と言いながら、実は世の中の男の7割を無意識のうちに足切りしている、みたいなことですね。

二村　その女性は「男がキャバクラや風俗に行くのは、パートナーである自分に飽きて浮気の一種として行くんだとしか思ってなかった」とも言ってました。ある時その女性の女ともだちが、彼氏が風俗に行っていることを知ってショックを受けていたので、この本に書いてあることを話したそうなんです。「もしかしたら彼は風俗に【自信を取り戻すため】に行ってるのかもしれないよ」って。それで女ともだちが彼氏とよく話してみると、はたして彼は、本当に彼女とのセックスや二人の関係に自信をなくしていて、風俗で練習して自分を取り戻しに行っていたんです。彼女は彼の気持ちを知ることができて、結果、仲なおりできたっていう……。恋愛してカップルになっている男女でも、ぜんぜん乗っている土俵がちがう。つきあい始めた頃は「同じ土俵」に乗っていると思っていても、つきあって馴れ合って時間が経つうちに、おたがいちがう場所に移動していたりする。すれちがいがあることに、何かが起こってから気づいたりするわけです。

だからこの本は男性だけでなく【男心を理解したい女性】にも読んでもらいたい。そして、できれば「土俵に乗りたいんだけど乗れないでいる、初心者の男」のことも排除しないで、まあ生理的にキモかったらしょうがないんだけど、その点はこっちも努力するんで、ちょっとでもキモくないと思えたら女性の側も「あ、そういう人たちがいるんだ」と思ってもらえると嬉しいです。

國分　改めて述べると、この本は「自分を持っている人とはどういう人か?」という問題を分析したとてもまじめな倫理学の本ですね。そして、意外とその秘密は簡単で、好きなことがあって、それに熱中できる人が「自分を持っている人」「居場所がある人」なんだ、と。結局、モテるとか幸せになるっていうのは結果なんですよね。でも、言うはやすし行うは難しです。二村さんの問いかけにいろんな角度から応答して、自分なりの道を探して欲しいですね。

（2012年11月1日　新宿にて）

國分功一郎（こくぶん・こういちろう）
1974年生まれ。哲学者。高崎経済大学経済学部准教授。著書に『スピノザの方法』（みすず書房）、『暇と退屈の倫理学』（朝日出版社）など。

あとがき

以前ＴＢＳラジオで月イチ日曜の深夜番組『文化系トークラジオ Life』に出演させてもらったとき「われわれＡＶ業界人にとって代々木忠監督は【偉大なる精神的指導者《メンターあるいはグル》】であり、村西とおる監督は【神《ゴッド》】（創造主ではなく、古事記やギリシャ神話に出てくるメチャクチャな神）である」などと喋った。

そして女性のために書いた『なぜあなたは「愛してくれない人」を好きになるのか』では代々木監督の

セックスしている時は相手の目を見よう、相手の名前を呼ぼう。

という言葉を引用させていただきました。これ、ほんとうにだいじなことだと思います。

代々木監督は、やはり僕のメンターでありグルであり、親分肌の漢《おとこ》なのだが、どこか母性の匂いを身にまとわれた方でもある。もしかしたら、われわれAV業界人すべての【母】のような存在なのかもしれない。

だとすると村西監督は【父】だろう。

女性の読者の皆さんに【母】の言葉を贈ったわけなので、この本の読者の皆さんには【父】の言葉を贈ろう。村西監督の名言といえば「ナイスですね」や「お待たせいたしました、お待たせしすぎたかもしれません、股間には、かぐわしいラベンダーのかおり……」が有名であるが、絶対に忘れてはならない、こういう言葉もある。

おまんことは「ありがとうの心」でございます。

モテようがモテまいが、男なら、この言葉を胸にきざんで生きてゆけ。おれもそうする。ときどき忘れるけれど、忘れるたびに痛い目にあうのだ。

2012年11月10日　二村ヒトシ

ふたたび表紙を新たに描き下ろしてくださった青木光恵さん。装丁してくださった関善之さん。ご著書『男おひとりさま道』（法研）で本書を取り上げてくださり、解説も再録させてくださった上野千鶴子さん。これからも哲学について教えてください俺もＡＶについてだったら教えますよマンガやアニメについてもまた話しましょう國分功一郎さん。見識を引用させていただいた田北鑑生さん。対談をまとめてくれた藤村はるなさん。ケイクス（https://cakes.mu）の加藤貞顕さん。山本多津也さんはじめ猫町倶楽部の皆さん。イースト・プレスの圓尾公佑くん。『恋とセックスで幸せになる秘密』（『なぜあなたは「愛してくれない人」を好きになるのか』に改題し文庫化）に続いて、ずっと伴走してくれた丸山桜奈さん（両書とも、ほんとはあなたとの共著というべきです）。それからＡＶの仕事の仲間の皆さん。ささえてくれた妻子。ありがとう愛してる。

文庫ぎんが堂

すべてはモテるためである

2012年12月11日　第1刷発行
2023年4月10日　第16刷発行

著者　二村ヒトシ

ブックデザイン　タカハシデザイン室

本文デザイン　勝浦悠介

発行人　永田和泉

発行所　株式会社イースト・プレス
〒101-0051　東京都千代田区神田神保町2-4-7
TEL　03-5213-4700　FAX　03-5213-4701
https://www.eastpress.co.jp/

印刷所　中央精版印刷株式会社

ISBN978-4-7816-7082-9

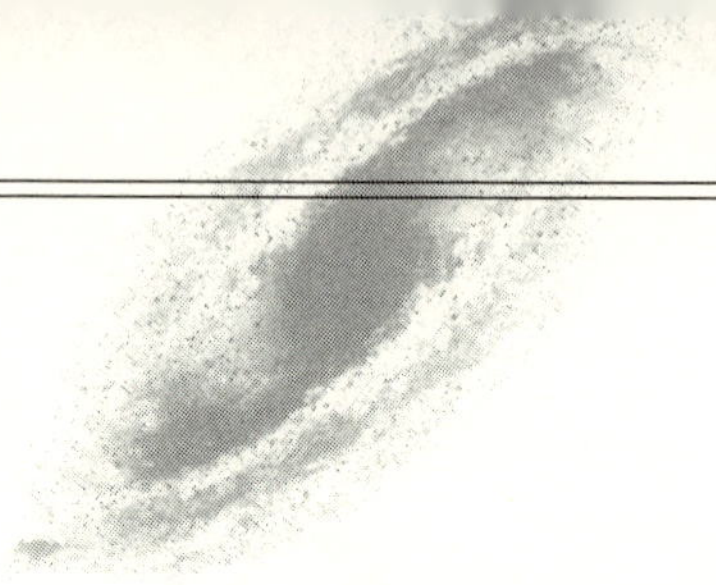

文庫ぎんが堂　創刊の言葉

――読者の皆様へ

夜空に輝く金と銀の星たち。その一つひとつが、それぞれの個性で輝き続ける。どの星も創造的で魅力的。小さいけれど、たくさん集まれば、人びとの頭上にきらめく銀河の悠久の流れになるのではないか。

そんな夢想を現実化しようと「文庫ぎんが堂」の創刊に踏み切りました。

読者のみなさんの手元で輝き続ける星たちを、そして、すべての方の人生に新たな光を与える書籍を刊行していきたいと願っております。

――出版社および著者の方へ

「文庫ぎんが堂」は、イースト・プレスの自社刊行物にとどまらず、読者評価の高い優れた書籍ならすべて、出版権者、著作権者の方たちとの共同事業方式による文庫化を目指します。私たちは「オープン文庫」とでも呼ぶべきこの新しい刊行方式によって出版界の活性化に貢献しようと決意しています。

ご遠慮なくお問い合わせくだされば幸いです。

イースト・プレス代表　小林　茂